Sé Tu Mejor Aliado

Sé Tu Mejor Aliado

10 PASOS
PARA VIVIR CON **ABUNDANCIA**
Y ALCANZAR **LA PAZ** MENTAL

MÒNICA FUSTÉ

Título: *Sé tu mejor aliado*
© 2020, Mònica Fusté
Autoedición y Diseño: 2020 Mònica Fusté
Primera edición: abril de 2016
Segunda edición: junio de 2020

Un cambio de paradigma que transformará tu manera de ver, sentir y hacer y que acelerará lo que quieres que se haga realidad con un simple cambio de percepción, algo tan simple y a la vez tan poderoso.

Si estás cansado de libros con fórmulas banales, superficiales e irreales que te dejan con la sensación de ser un inadecuado y de no hacer las cosas bien, este libro es todo lo contrario.

Refrescante. Íntimo. Poderoso.

Laura Ribas

Empresaria y autora de **Quién Soy yo para hacer esto.**

Lo especial del libro que tienes en tus manos

Este es un libro para buscadores, gente como tú y como yo que quiere hacer realidad sus sueños. Gente inconformista, idealista, ambiciosa y responsable de sus actos. Personas que nos bebemos la vida, que tomamos las riendas de nuestra existencia y que osamos caminar hacia nuestros anhelos aunque a veces andemos un poco desorientados y parezca una locura a ojos de los demás.

Como buscador, seguramente habrás llegado a un punto (o llegarás pronto) donde estés cansado de que, por enésima vez, te digan que el camino al éxito es seguir tal o cual paso, que pienses que si alguien te viene una vez más con prescripciones para tener la vida que deseas o una receta más para la felicidad, perderás la paciencia.

Un día te levantas y sientes que lo que realmente buscas es menos fórmulas y más alimento para tu alma, una respuesta espiritual, nutrir tu ser interior. Este libro es esa respuesta que anhelas, ya que es para quienes quieren desarrollar su conciencia y sienten que existe un plano más elevado. Es un libro para los que buscan un modo más espiritual de hacer realidad la vida que quieren.

Mónica nos invita a elevar nuestra conciencia y a ver la realidad de la realidad (que no es la que creías). La visión que tendrás desde ese mirador te sorprenderá. Es como una bocanada de aire fresco, como abrir las ventanas de una sala con el ambiente cargado.

13

Tu regalo

Una forma de darte las gracias y agradecerte el haber comprado este libro es haciéndote un regalo. Así que quiero regalarte un ebook con las "5 estrategias infalibles para crear una vida de éxito".

Con este ebook (que incluye ejercicios) aprenderás:

- Las 5 estrategias infalibles a incorporar en tu día a día para cambiar tu mentalidad y lograr la vida que mereces.

- Qué es para ti el éxito y cómo conseguirlo a nivel práctico.

- Cómo superar tus miedos de una vez por todas para dejar de sabotearte.

- Descubrirás qué te impide manifestar la vida de tus sueños y cómo transformarlo para crear una vida de éxito.

DESCÁRGALO AQUÍ:
https://www.institutodesuperaccion.com/5-estrategias-exito

Para Xavi.
Gracias por ayudarme
a convertirme en
mi mejor aliada.

Índice de contenidos

Mi historia

Toda mi vida he creído que era un "bicho raro."

Mi madre me lo empezó a decir desde muy temprana edad. Lo hacía de forma inocente, desesperada por mi mal carácter adolescente, sin darse cuenta del daño que me provocaba. Éramos tan diferentes, con valores tan dispares, que no me extraña que chocáramos. Recuerdo una frase de ella que se me quedó grabada: "Nunca vas a encontrar a un hombre que te ame. Eres imposible." Aquello se tradujo en mi mente de la forma siguiente: "Hay algo en mí que está muy mal."

Crecí convencida de que nunca nadie me amaría.

Es verdad que yo era una joven rebelde, susceptible, hipersensible y muy soñadora.

No soportaba que me dijeran cómo tenía que ser o qué debía hacer. Reaccionaba a la más mínima, enfadándome y gritando sin ningún autocontrol. Cada día nos discutíamos por todo. Creo que no estábamos de acuerdo en casi nada. Ella no me comprendía en absoluto y yo la juzgaba por ser como era.

Vivíamos en mundos opuestos y yo no encajaba con su forma de pensar.

Esas continuas disputas con mi madre durante mi adolescencia crearon en mí una culpa inconsciente brutal. Construí una autoimagen totalmente distorsionada y negativa. La mente me dominaba completamente y mi autoestima estaba por los suelos. En aquel tiempo, recuerdo que era tan insegura que pensaba que nunca conseguiría nada en la vida.

Fueron años muy duros de sentirme sola, incomprendida, dolida y fuera de lugar. Todo eran preguntas sin respuestas. ¿Quién soy? ¿Qué hago aquí?

¿Cuál es el sentido de la vida? ¿Para qué he nacido? etc.

Me imagino que todos, en mayor o menor medida, hemos vivido una adolescencia difícil.

Lo bueno de todo eso (porque siempre hay un lado positivo) es que gracias a esa incomprensión empecé a escribir cada día mi diario. En él podía ser yo, sin filtros ni normas y crear mundos paralelos. Escribir era lo único que me calmaba. Me pasaba horas y horas escribiendo todo lo que pensaba y sentía, lo que me sucedía, me hacía preguntas trascendentales, buscaba respuestas que no encontraba y soñaba sin parar.

Escribiendo era feliz. Escribir siempre ha sido mi salvación.

La vida es tan sabia que nos pone a cada uno en su lugar. Gracias a mi familia y sobre todo a mi madre, empecé a hacer un trabajo de introspección y autoconocimiento a los doce años. Incorporé el hábito de cuestionármelo todo, de cambiar creencias y de cultivar un mundo interior. Desarrollé mucho la imaginación, la creatividad, la comprensión de mis sentimientos y emociones, y también las de los demás.

Desde muy pequeña, me convertí en una observadora atenta, como un gato vigilante. Lo analizaba todo, reflexionaba mucho y quería descubrir más sobre el misterio de la vida. La curiosidad por saber me nutría el alma.

Dicen que la vida de cada uno es como un puzle y que cuando uno es capaz de ordenar todas las piezas se asombra de ver tanta perfección.

En mi caso, lo viví así. Al cabo de unos años, cuando ya siendo adulta fui capaz de comprender la razón de todo lo vivido, sentí una profunda paz interior y recuerdo que sonreí. Me di cuenta de que todo había sucedido tal y como tenía que suceder.

Sané mi mente herida y reescribí mi historia. Te la cuento un poco más para que comprendas a qué me refiero.

Nací en un pequeño pueblo de la provincia de Girona en una familia tradicional. Mi padre, emprendedor nato, traía el dinero a casa y mi madre, que dejó de trabajar cuando se casó, se encargaba de la casa y los niños. El modelo de mujer que yo aprendí de pequeña fue el de una esposa sumisa obligada a tener una paciencia infinita para servir a su marido exigente y siendo totalmente dependiente económicamente de él. No solo lo viví en casa sino que todas las mujeres de la familia, tanto abuelas como tías, eran amas de casa y por lo tanto dependían de un hombre.

No me extraña nada que desde muy pequeña me obsesionara por ser libre en todos los sentidos.

Mi hermano, año y medio más pequeño que yo, era el inteligente de la familia, según mi madre. Y el preferido de mi padre, el "hereu" que se dice en catalán, que se encargaría de la empresa familiar y le ayudaría a jubilarse.

Yo se suponía que me casaría con alguien del pueblo, sería una buena esposa y formaría una familia como había hecho mi madre. Un paradigma arcaico que no encajaba para nada conmigo.

Gracias a eso empecé a buscar un nuevo camino. Sabía que tenía que haber otra forma de vivir y no pararía hasta encontrarla.

En ningún momento tuve el sueño de ser una buena esposa y formar mi propia familia y mucho menos, de depender de un hombre. Me resistía a aprender a cocinar y todo lo relacionado con llevar una casa.

Así que desde muy joven me apasioné por estudiar, leer y escribir. Sacaba muy buenas notas aunque para mis padres aquello no era importante. Me automotivaba y me desafiaba a mí misma poniéndome siempre a prueba para ver hasta dónde podía llegar.

Mi gran afán de superación era el motor que me nutría por dentro.

Quería soltar esa autoimagen negativa e insegura y demostrarme a mí misma que podía conseguir todo lo que me propusiera.

Soñaba con viajar por todo el planeta, ser libre, vivir en el extranjero, escribir un libro, aprender idiomas, conocer a gente interesante, crear mi propio negocio, hacer algo para el mundo, etc.

Quería vivir intensamente. ¡Sentía una gran pasión por la vida!

La libertad era mi mayor anhelo y estaba dispuesta a todo para conseguirlo. Y lo hice.

Ahora que escribo estas líneas me emociono porque me doy cuenta de que he cumplido todos aquellos sueños. El camino ha sido largo, he dudado mucho, me he caído muchas veces, me he sentido sola, perdida, bloqueada, insegura pero he sido fiel a mí misma.

Nunca he renunciado a mis sueños. Y la vida no ha dejado de sorprenderme. Ahora puedo decir que estoy orgullosa de ser un "bicho raro."

Si te interesa, puedes leer más sobre mi biografía en el primer capítulo de mi tercer libro: **Superacción** que puedes descargarte gratis en la web: http://www.monicafuste.com/superaccion-para-el-exito/

Por fin, he descubierto quién soy realmente. Ya no dudo.

Y te voy a ayudar a que tú hagas lo mismo. Vamos a emprender un apasionante viaje que cambiará tu vida para siempre. Juntos, iremos a la otra orilla. Desde allí, lo verás todo diferente.

¡Prepárate para descubrir la magia de la vida!

Muchas gracias por estar aquí. Gracias de corazón por ser tan valiente y querer convertirte en tu mejor aliado.

¿Me acompañas?

Con amor, Mònica

¿Para qué te va a servir este libro?

Querido lector inconformista (porque lo eres, ¿verdad?): Déjame hacerte unas preguntas muy sencillas:

- ¿Te gustaría conectarte con tu Ser, descubrir quién eres realmente para no perderte más?

- ¿Estás preparado para vivir en el gozo y eliminar el miedo e inseguridades de tu vida?

- ¿Quieres dejar de dudar de ti mismo para extraer todo el potencial que tienes dentro?

Si tus respuestas son afirmativas, sigue leyendo.

Si estás cansado de sufrir miedos e inseguridades, tu mente aún te domina con falsas creencias, la negatividad se apodera de ti, te confundes a menudo y quieres vivir en paz, estás en el lugar adecuado.

Este libro es para cualquiera que desee crecer tanto personal como profesionalmente y quiera incorporar una nueva forma de pensar radical para conectarse con su Ser auténtico, sacar toda su fuerza interior y vivir con abundancia ilimitada.

Si estás en un punto de inflexión en tu vida, necesitas dar un salto y quieres crear una nueva realidad más afín a ti o mejorar la calidad de tu vida, este libro va a ser tu mejor acompañante.

Sé Tu Mejor Aliado es el libro que siempre he querido escribir. En él, me desnudo como nunca. Comparto contigo mis mayores secretos (espero que te inspiren) y todo aquello que a mí me ha ayudado a ser quien soy. Nace de lo más profundo de mi corazón y está escrito desde el amor que siento por ti: desde el otro lado de la orilla. Es pura esencia.

Por eso, es tan poderoso.

Es la guía que yo necesitaba cuando en 2008 llegué a un punto de inflexión en mi vida y me volví a cuestionar quién era y qué quería hacer. Necesitaba un aliado que me comprendiese y no lo encontré.

Leí muchísimo durante aquel tiempo, pero ningún libro me dio lo que vas a encontrar aquí y ahora.

Por eso lo escribo, para ti.

Quiero que este manuscrito te evite el sufrimiento inútil que yo experimenté cuando me propuse cambiar radicalmente mi vida. Todas esas dudas, fantasmas del miedo, inseguridades por no saber "cómo" hacerlo, no tendrán ningún poder sobre ti.

Voy a facilitarte el camino hacia tu plena libertad. Porque ¿qué hay más importante que ser libre, verdad?

Marianne Williamson, una de mis autoras favoritas afirma que: "Mientras sigamos estancados internamente, nuestra vida lo estará externamente."

Sé Tu Mejor Aliado te liberará del estancamiento interno para siempre.

¿Qué me dices? ¿Aceptas el reto?

Es un libro práctico, no se va por las ramas con un *bla, bla, bla* sino que te dará la solución definitiva a 10 problemas comunes inherentes a todo proceso de crecimiento personal y profesional.

Dime una cosa. En estos momentos de tu vida, ¿cuál de los **10 problemas** siguientes te impide dar el salto que deseas?

1. Tienes una baja autoestima, te haces pequeño y te conformas.
2. No tienes una visión clara y estás indeciso.
3. Te sientes inseguro, no confías en tu potencial ni crees en ti.
4. Te autosaboteas continuamente y no avanzas.
5. Crees que no mereces la vida que deseas.
6. Te dispersas, pierdes el foco y te distraes continuamente.
7. No sabes gestionar tus emociones y te controlan.
8. Te cuesta organizarte y no dispones de un buen plan.
9. Tienes una mentalidad de escasez y miedo a perder la seguridad económica.
10. Eres tu peor enemigo. Tus miedos te paralizan.

¿Te suena alguno de ellos?

Me imagino que sí, ¿verdad? En el fondo, todos nos parecemos más de lo que imaginamos. Cuando uno se plantea un cambio de rumbo tanto en su vida personal como profesional o convertirse en una mejor versión de si mismo, se siente perdido sin saber "cómo" hacerlo realidad.

Ha llegado la hora de superar todo lo que te limita.

Aquí encontrarás las **10 soluciones prácticas** para avanzar a pasos de gigante. Con *Sé Tu Mejor Aliado* vas a conseguir:

1. Descubrir quién eres realmente.
2. Clarificar qué quieres hacer con tu vida.
3. Aprender a creer en tu potencial.
4. Dejar de autosabotearte.

5. Liberarte del peso de la culpabilidad.

6. Enfocar tus prioridades.

7. Gestionar tus emociones.

8. Organizarte para conseguir lo que te propongas.

9. Incorporar una mentalidad de abundancia.

10. Convertirte en tu mejor aliado.

¿Qué te parece?

Vamos a ir a por todas. Este libro es para personas comprometidas, que realmente quieran conseguir la vida de sus sueños más ambiciosos.

Te aseguro que al seguir los 10 pasos de *Sé Tu Mejor Aliado*, tu mente dará un giro de 180° y adquirirás la mentalidad (*mindset)* para crear una vida más libre, realizada y feliz.

En definitiva, este manuscrito te ayudará a reconectar con tu Ser para crear la vida que deseas. Alcanzarás la paz interior y empezarás a vivir con abundancia ilimitada.

Quiero que después de leerlo, nunca más dudes de ti mismo.

¿Te imaginas viviendo con una certeza absoluta en ti?

¿Cómo te vas a sentir cuando los fantasmas del miedo y la inseguridad ya no tengan poder sobre ti?

En resumen, *Sé Tu Mejor Aliado* te ayudará a:

- Descubrir quién eres realmente.

- Conectarte con tu poder ilimitado.

- Creer en ti para crear la vida de tus sueños.

- Alcanzar la plena libertad en todas las áreas de tu vida.

Todos tenemos el mismo potencial: llegar a ser nuestros mejores aliados. Así que tú también puedes conseguirlo. Sigue estos 10 pasos y abrirás las puertas a la verdadera plenitud y felicidad.

PASO 1:
Yo Soy

1.1

Reconoce tus autopoderes

Un día cualquiera, por casualidad como pasa siempre, tuve una revelación inesperada y me di cuenta de que:

Todas las palabras que empiezan por "auto" nos confirman que está en nuestras manos al 100% mejorar aquello a lo que se refieren.

Wow! Eso fue un gran hallazgo. Aunque es obvio, nunca lo había pensado antes.

Ahora sé que conceptos tan importantes como: autoconfianza, autoconcepto, autoestima, automotivación, autogestión, autorespeto, autocontrol, etc., dependen exclusivamente de mí.

No es ningún descubrimiento, ¿verdad?

Sin embargo, tendemos a olvidarlo y no hacemos nada para potenciar estas palabras. Estamos tan acostumbrados a sentirnos inseguros, a dudar de nosotros mismos, a hacernos pequeños, a complacer a otros, etc., que creemos que esto es lo normal.

Es común esperar que la vida o los demás nos ayuden a sentirnos mejor. Pero así se consigue poco.

El reconocimiento de tus autopoderes es la clave. Si no los reconoces, es como si no existieran.

Si eres una de las millones de personas que cree tener un problema de baja autoestima, abandona inmediatamente esta idea. Primero: porque no existen los problemas (esto ya lo hablaremos más adelante) y segundo: porque ahora mismo tú puedes mejorar tu autoconcepto, que es la base de todas tus creencias. ¿Te animas a ello?

¿Sí? Pues empecemos.

¿Te has preguntado alguna vez quién eres realmente?

Me imagino que, como todos, en algún momento has sentido curiosidad,

¿verdad?

Date cuenta de que tú eres el único en este mundo que posee la respuesta. Nadie puede decirte quien eres. Lo que te digan los demás o te hayan dicho en el pasado, sobre todo en tu infancia, son solo sus propias ideas o juicios sobre ti. No te sirven absolutamente para nada.

Suelta todas las etiquetas del pasado. Te aseguro que son falsas y subjetivas.

Si quieres, puedes cambiar la respuesta a ¿quién soy? ahora mismo, de tal forma que todas las palabras que empiecen por "auto" mejoren de inmediato.

¿Te das cuenta de lo poderoso que eres?

Voy a compartir contigo un secreto. El día que fui consciente de esta capacidad, tomé la firme decisión de empezar a entrenarme mentalmente para creer que era un Ser divino. Y te aseguro que ahora estoy totalmente convencida de ello.

Para mí, ser un Ser divino, significa ser libre espiritual, mental, emocional y financieramente y conseguir todo lo que me proponga en todas las áreas de mi vida.

Los Seres divinos no se limitan a sí mismos.

Y esto es lo que quiero para ti. Escribo desde el Ser que soy para despertar el poder que hay en ti.

Posees un poder sin límites. No lo olvides.

Pero me estoy avanzando. Vayamos paso a paso. Disfrutemos de esta aventura juntos como si tuviéramos todo el tiempo del mundo, ¿te parece? Es un honor para mí que estés aquí y te lo agradezco.

Imagínate un día soleado de primavera, en una terraza tranquila, silenciosa, rodeada de flores y grandes árboles saboreando un aromático té verde (o lo que más te apetezca) conmigo y de repente, con una sonrisa cómplice te digo:

La única forma de mejorar los resultados de tu vida (tanto personales como profesionales), es cambiando tu autoconcepto.

Y el primer paso es reconocer que tienes poder para ello. Quédate con esta idea clave.

¿Quieres descubrir "cómo" conseguirlo? Si es que sí, sigue leyendo.

1.2
Un espacio exclusivo para ti

En general, estamos tan acostumbrados a dejarnos llevar por la rutina del día a día que no dedicamos suficiente tiempo a pensar en nosotros, nuestra vida, nuestros anhelos, valores, sueños, etc.

Pensar cuesta, ¿verdad?

Tenemos una gran capacidad de introspección exclusiva del ser humano – los animales no la poseen– que nos permite ser protagonistas y espectadores a la vez y no la utilizamos.

Si no te tomas el tiempo para reflexionar, es fácil que seas como un barco a la deriva sin rumbo.

Así que permítete un "espacio exclusivo para ti."

Eres sabio y ha llegado la hora de recordar toda esa sabiduría. "Recordar" significa volver a pasar por el corazón.

Empieza poco a poco, escuchándote más. Baja el ritmo, respira conscientemente, disfruta de momentos en silencio, deja de ir tan apresurado y dedica mínimo veinte minutos al día solo para ti. Si necesitas levantarte antes, hazlo.

Leyendo este libro ya estás pasando tiempo contigo mismo (y es una forma fácil de profundizar en ti).

Pon en tu agenda: "Cita con mi Mejor Aliado."

Conviértelo en un hábito diario. Es más importante de lo que parece. Aunque quizás tu mente te esté diciendo ahora que no dispones de tiempo, que no lo harás, que ya lo has probado y no ha funcionado, que si el trabajo, los niños, la casa, el negocio, etc., no le hagas caso.

Confía en los beneficios que te va aportar.

Solo necesitas veinte minutos cada día. Con todo lo que haces, te lo mereces,

¿no crees?

Hazme caso: ponle la máxima prioridad. Es tu mejor inversión de futuro.

En este "tiempo exclusivo para ti" puedes repasar el día anterior (o el mismo día si lo haces por la noche), meditar, reflexionar sobre cómo te sientes, dejar fluir tu creatividad, establecer nuevos propósitos, leer libros que te inspiren, llevar un diario y escribir tus pensamientos (esto es lo que hago yo), hacer un seguimiento de tus nuevos hábitos, escuchar el silencio, hacer yoga, organizar tu día, agradecer todo lo que funciona en tu vida, reconocer tus logros, cuestionar tus creencias, etc.

Así es como poco a poco, tu mente se va apaciguando, te calmas y tu intuición se potencia, empiezas a ser capaz de escucharte a un nivel más profundo, tu sensibilidad sale a flote y –sin apenas darte cuenta– te vas redescubriendo. Llegan las revelaciones espontáneas, los *insights* que te liberan de falsas percepciones, tus corazas se rompen, sueltas las etiquetas del pasado y fluye tu auténtico Ser.

Cuanto más te descubres a ti mismo, más te encuentra tu destino.

Recuerda esta frase. Conocerte es esencial.

Así que, ¿en qué momento del día vas a reservar un tiempo exclusivo para ti?

El mundo se adapta a tu autoconcepto

Esta es una idea brillante. Te da alas para volar alto. Significa que en el momento en que tú cambias el concepto que tienes de ti mismo (tu autoimagen), tu realidad responde a esa nueva idea y empiezan a suceder cambios inesperados sin ningún esfuerzo.

Lo increíble es que ocurren "sin esfuerzo."

En mi caso, cuando empecé a creer que era un Ser divino (nunca de forma arrogante o en sentido de superioridad), de repente muchas personas empezaron a tratarme de otra forma, notaba un mayor respeto, me sentía con más fuerza que nunca, recibía propuestas sorprendentes, se solucionaban los temas pendientes, etc.

En fin, todo empezó a ser mucho más fácil.

Ver cómo mi mundo se adaptaba rápidamente a mi nuevo autoconcepto, me dejó totalmente impresionada. Desde entonces, sigo entrenándome a diario y te puedo decir que la vida no deja de maravillarme por su magia.

Tienes la capacidad de reinventarte radicalmente en cualquier momento que lo desees.

Te lo digo por propia experiencia ya que lo he hecho cuatro veces.

¡Pruébalo! Empieza a pensar y sentir que eres poderoso, sabio, libre, feliz, realizado, pleno, próspero, etc. (añade todo lo que desees).

No ves el mundo como es sino como tú eres. Todo lo que ves eres tú: tus propios pensamientos que tienes en relación a lo que ves. Sea lo que sea, te estás viendo a ti mismo. Increíble, ¿verdad?

Tú eres tu mundo.

Por eso, cuando tú cambias, tu mundo se adapta a ti. Mágico, ¿no?

Respira y para un momento. Deja de leer y mira a tu alrededor. ¿Qué ves?

¿Cómo lo ves? ¿Es hermoso? ¿Te gusta? ¿Qué sensación te produce? ¿Qué es lo que más te llama la atención? ¿Qué te molesta?

Déjame hacerte otra pregunta básica:

¿Qué mundo estás inventando ahora mismo en tu vida? ¿Se trata de una comedia divertida, una historia romántica, un drama, una película de miedo, una aventura apasionante, etc.?

¿Te gusta lo que estás creando?

Eres tan poderoso que si quieres, puedes inventar otro mundo.

Tus circunstancias son simplemente la materialización de tus pensamientos predominantes. Elevando tu conciencia y mejorando tu autoconcepto, puedes cambiarlo todo.

Solo tienes que desearlo de verdad.

No hay límites. Los únicos límites son los que te pones a ti mismo.

Te conviertes en lo que piensas.

Por lo tanto, puedes ser lo que quieras.

Apegarte a una identidad concreta es limitarte mucho. Porque toda idea sobre ti es limitada. Por eso yo utilizo la palabra Ser divino (es indefinible).

Otra que me encanta es "misterio." En realidad, cada uno de nosotros es un misterio siempre cambiante.

1.4
Eres quien tú quieres

Voy a contarte una anécdota personal que viví hace unos meses.

El 18 febrero de este año (estamos en 2015), por casualidad y sin darme cuenta entonces, empecé una nueva etapa en mi vida que, entre otras cosas, ha facilitado el nacimiento de este manuscrito.

Decir "una nueva etapa" es quizás un poco exagerado ya que normalmente se asocia "etapa" a un cambio de vida exterior mientras que en esta ocasión, fue el inicio de una transformación interior.

Ese día, Raimon Samsó, gran amigo, excelente persona y director del Instituto de Expertos (http://www.institutodeexpertos.com/) me entrevistó sobre las claves del éxito como coach, mentora y autora. Al final de la entrevista me recomendó encarecidamente **El Libro de Oro** de St. Germain.[1]

Al día siguiente, Raimon insistió: "Mónica, ya sé porque hemos hecho esta entrevista. Tenía que recomendarte el libro de St. Germain. Cómpralo ya." De inmediato supe que aquello era importante.

Raimon y yo tenemos mucho en común; de hecho desde el primer día que nos conocimos en el año 2008, conectamos

---

1 (Puedes ver el vídeo de la entrevista en mi canal de youtube: http://www.youtube.com/watch?v=ja613OuAs8E).

de inmediato. Nuestra trayectoria profesional es muy parecida, la de dos economistas procedentes del sector bancario que decidimos dar un giro de 180º a nuestras vidas. Coincidimos en la forma radical de pensar, en nuestro *lifestyle* libre y, además de ser autores, conferenciantes, coachs y expertos, también nos une el estudio y la práctica de **Un Curso de Milagros**. (Por cierto, recuerda la abreviación UCDM porque la voy a utilizar varias veces a lo largo del libro).

UCDM es un entrenamiento mental muy potente que te cambia totalmente la estructura mental. Existen muchos libros basados en UCDM ya que no es nada fácil comprenderlo. De hecho, algunos de los capítulos que leerás aquí también están inspirados en el curso.

Antes de seguir con la historia del 18 de febrero, déjame que te cuente cómo llegó el UCDM a mi vida.

31 de diciembre de 2011. Fin de año. Uno de mis días preferidos. Estaba celebrándolo con un grupo de amigos íntimos en plan familiar y a las 12h, justo después de comernos las uvas, empezamos a compartir nuestros deseos para el año nuevo. Habíamos bebido y se respiraba un ambiente de fiesta total, con la ilusión de empezar un nuevo año, la verdad es que se escuchaban sueños poco realistas. Algunos querían ser millonarios en un año, otros dar la vuelta al mundo o que les tocara la lotería y hubo una amiga que pidió su príncipe azul (típico, ¿no?). En fin, lo común cuando uno está bajo los efectos del alcohol.

En mi caso, quise pensar antes de decir nada. No recuerdo muy bien mis palabras exactas pero pedí algo así como ser capaz de olvidarme del "yo" y estar más al servicio de ayudar a los demás. Todos se rieron por ser tan espiritual y profunda en un momento como ese. Y fue entonces cuando Laura, una de mis mejores amigas, me habló por primera vez del UCDM.

Mirándome fijamente a los ojos, con su mirada penetrante, Laura me dijo: "Creo que sé lo que te puede ayudar. Quizás ha llegado tu momento para el UCDM. Es lo más potente que conozco."

Dijo esto y automáticamente sentí un *clic* dentro de mí.

¿Quéeeee? ¿Un Curso de qué? ¿Ha llegado mi momento? Tantos años siendo amigas y nunca me había mencionado el curso. ¿Cómo era posible que yo, siendo tan apasionada de estos temas, no lo conociera? ¿Por qué nadie me había hablado de él? (pregunta absurda pero me la hice).

Recuerdo que la bombardeé con preguntas de todo tipo. Mi mente iba a mil, enseguida noté que aquello era importante y quería saberlo todo. Hacía días que había pedido una señal clara para saber el siguiente paso en mi evolución. Quería dar un salto y no sabía cómo. Y de repente, el último día del año aparece la respuesta.

Esta vida nunca dejará de sorprenderme...

Laura insistió: "El curso solo llega cuando uno está preparado. Tú eres la única que sabe si es tu momento. Ya lo descubrirás." Y no me quiso contar nada más.

Aquel misterio encendió una nueva llama dentro mí. El 2 de enero de 2012 tenía el libro en mis manos. Y ese mismo día empecé una nueva vida. Sí, aquí no digo "etapa" sino "vida" porque realmente fue así.

UCDM me ha acompañado desde entonces. Y Raimon lo sabía. Habíamos compartido muchas veces nuestra pasión por el curso. Por eso, en la entrevista del 18 de febrero, me preguntó qué impacto había tenido el curso en mí. Estuvimos compartiendo temas comunes y fue cuando Raimon mencionó el libro de St. Germain.

Volví a sentir un *clic* en mi mente.

Qué maravillosos son esos momentos *ajá* que llegan de forma fortuita y te dan una claridad mental brutal, ¿verdad? Te confieso que soy adicta a ellos.

En aquel momento, yo vivía una situación en la que necesitaba dar un salto más. Igual que en 2011, hacía días que había pedido una señal y no la encontraba (qué frustración se siente cuando pides señales y no sucede nada,

¿verdad?). UCDM ya lo tenía muy estudiado y me había leído infinidad de libros basados en él. Quería una nueva fuente de inspiración para mi alma.

Y entonces, de forma sorprendente, apareció Raimon con su recomendación. Aquello fue otro milagro que me ha impulsado a escribir este manuscrito y a crear el vídeo-curso: *Consciencia Espiritual-Cómo alcanzar la paz mental y vivir con abundancia* ilimitada.[2] Desde aquí, agradezco nuevamente a Raimon por ser un mensajero de luz.

Bueno y ahora seguramente te preguntarás: ¿Qué tiene de especial ese libro de St. Germain que impacta tanto?

La verdad es que quizás nada. Puede ser que lo leas y no te sirva. Dicen que el maestro aparece cuando el discípulo está preparado. En mi caso el libro fue el maestro que necesitaba en aquel momento para crecer a nivel espiritual.

Básicamente, lo que cambió en mí después de leerlo, que por cierto sigue la línea del UCDM, es que empecé a utilizar a diario la expresión: "Yo Soy."

El "Yo Soy" activa tu poder interior.

Es la presencia impersonal, omnipresente y omnipotente que hay en cada uno de nosotros. Cuando reconoces esta presencia en ti estás elevando tu conciencia. Fíjate que vuelvo a utilizar el verbo "reconocer."

---

2 Consulta el vídeo-curso basado en UCDM y el Libro de Oro de St. Germain: **Consciencia Espiritual** en http://www.institutodesuperaccion. com/consciencia-espiritual/

Dicho de otra forma: el "Yo Soy" es tu auténtica identidad. (En el próximo capítulo te hablaré de tu aparente identidad).

Lo que hice fue empezar a repetir y sentir afirmaciones como las siguientes (no todas están sacadas del libro de St. Germain, algunas las he adaptado a mis preferencias. Haz tú lo mismo):

- Yo Soy la vida, la abundancia y la paz.
- Yo Soy la inteligencia universal.
- Yo Soy la presencia divina.
- Yo Soy dios en acción.
- Yo Soy el único poder que gobierna mi vida.
- Yo Soy la pura perfección.
- Yo Soy la perfecta salud y belleza de mi cuerpo.
- Yo Soy el éxito que deseo.
- Etc.

En definitiva, eres quien tú quieres.

¿Quién quieres ser tú?

¡Elige bien!

1.5
Tu aparente identidad

Respira profundamente porque este capítulo es muy revelador y es fácil que tu ego se resista. Con la respiración consciente, puedes tomar las riendas de tu mente, lo sabías, ¿verdad? Hazlo ahora para integrar lo que te voy a contar.

¿Preparado? Vamos allá.

Fíjate en lo paradójico de la naturaleza humana, que podemos identificarnos con <u>dos dimensiones (niveles de conciencia)</u> totalmente opuestas:

1. La real (o invisible).

2. La aparente (o visible).

La real es la que acabamos de ver en el capítulo anterior (el "Yo Soy" impersonal) y la aparente es tu yo personal o físico. (Voy a utilizar diferentes expresiones para referirme a lo mismo como: personaje, yo falso, ego, yo crítico, etc.).

Cada una de estas dimensiones ve el mundo de forma totalmente distinta. Por una parte, el Yo Soy (esta expresión se refiere a tu auténtica identidad) percibe el mundo con amor y lo ve todo perfecto. Mientras que tu yo físico o yo pequeño vive en el miedo y siempre encuentra algo por lo que sentirse insatisfecho. Sabes a qué me refiero, ¿verdad?

Solo hay dos formas de vivir (no millones, sino dos):
1. Desde el amor.
2. Desde el miedo.
La clave está en el ¿desde dónde?

¿Desde dónde piensas, sientes, hablas y actúas?

Dicho en otras palabras, el yo real o "Yo Soy" se siente unido a todo, vive en el no-tiempo y acepta todo lo que sucede manteniendo siempre la serenidad y la paz. Al contrario, tu aparente identidad o yo físico se siente separado de los demás, es esclavo del tiempo y lucha resistiéndose a los cambios inevitables.

¿Ves la paradoja? Es para volverse loco.

Vivir desde el amor o desde el miedo no tiene nada que ver. De hecho, son excluyentes.

Más diferencias: el "Yo Soy" ve más allá de los sentidos, percibe con el corazón sin juzgar y lo ama todo. Mientras que el yo personal se limita a la percepción de los sentidos, cree en la separación física, en el tiempo lineal y, al identificarse con el cuerpo, busca satisfacer sus preferencias y así depende de las circunstancias para sentirse bien.

Tu yo real es libre. Tu yo personal es esclavo.

En realidad, lo somos todo.

Somos diferentes niveles de conciencia.

La única diferencia entre el "Yo Soy" y el yo personal es la conciencia. Cuando elevas tu conciencia eres capaz de identificarte con tu yo real y es entonces cuando tu mundo se transforma de forma radical.

Esto es lo que estamos haciendo aquí mientras nos tomamos un aromático té o café (o lo que más te apetezca): elevar tu nivel de conciencia para "ver" más allá de lo aparente.

¿Cómo lo llevas hasta ahora? ¿Estás disfrutando del proceso de convertirte en tu mejor aliado?

Te aseguro que al final de este libro, te sorprenderá el impacto en ti.

No niegues a tu yo físico o yo aparente. Acéptalo como una parte de ti. Cuídalo, dale mucho amor y atención. De hecho es el instrumento que tienes para experimentar la vida. Sin él, no vivirías.

Pero no olvides que tú eres mucho más grande.

1.6
Inter-Ser

Cuando leí el libro de Thich Nhat Hanh **Estás aquí** lo que más me llamó la atención fue esta palabra. Él dice que no somos sino que inter-somos. Thich Nhat Hanh es uno de los maestros zen más conocidos y queridos en Occidente y fue candidato al Premio Nobel de la Paz.

¡Cuánta razón tiene! Está claro que estamos interconectados, que somos seres sociales, que necesitamos relacionarnos, etc. pero esto es ir mucho más allá.

Tú estás en mí y yo estoy en ti.

Date cuenta de la importancia de esta afirmación. Es lo mismo que decían los mayas:

- **In Lak'ech** (Yo soy otro tú) A lo que contestaban:

- **Hala Ken** (Tú eres otro yo).

¿Te imaginas viviendo así? Quiero decir: reflexiona por un momento cómo cambiaría tu vida si cada vez que estás con alguien pensaras de esta forma. Se acabarían la mayoría de problemas, ¿verdad?

Qué fácil y qué complicado al mismo tiempo. Volvemos a la paradoja que somos.

Estoy convencida que si un ser humano estuviera mucho tiempo aislado y solo, moriría. Necesitamos relacionarnos, compartir, amar, ayudar, sentirnos parte del mundo, pertenecer, ser útiles, etc.

Inter-ser significa que todo lo que ves en los demás eres tú.

Los demás son tú, tú eres ellos. No hay separación. Lo que criticas de ellos, lo criticas de ti. Lo que admiras, lo admiras de ti. Todo lo que proyectas fuera, retorna siempre a ti. Esta es la conocida "ley del bumerán" que dice: lo que emites es lo que recibes.

Fíjate además que te conoces "en relación" con los demás. Si no te relacionaras, ¿cómo podrías saber cómo eres?

Dicho de otra manera, cada persona con la que interactúas activa algo diferente en ti.

Y esto nos lleva a la siguiente conclusión:

No eres un "yo" sino infinitos.

Y en cada momento estás siendo un "yo" distinto aunque aparentemente creas que siempre eres el mismo.

Sé honesto contigo mismo. Obsérvate con más atención y date cuenta de que no eres sino que inter-eres.

Tú y yo inter-somos. Lo que estás leyendo también lo estás escribiendo. Y esto es así porque de todo lo que leas te vas a fijar solo en lo que tú decidas. Por lo tanto, es como si tú lo estuvieras escribiendo, ¿verdad?

Es brutal el impacto que crea el darse cuenta del inter-ser.

Reflexiónalo tranquilamente.

A partir de ahora, si recuerdas este concepto, solo tendrás relaciones sanas y satisfactorias porque sabrás que todo lo que haces a los demás te lo estás haciendo a ti mismo. Y tú, querido lector, eres una persona que se ama profundamente (y si aún no es el caso, lo va a ser).

¡Inter-seamos en nuestras vidas!

1.7
Me permito ser

Llegamos al final de este primer paso. ¿Cómo estás? ¿Ha sido intensa esta primera fase de viaje, no? ¡Paciencia! Estamos asentando las bases para lo que vendrá después. El punto de partida siempre es responder de forma distinta a la gran pregunta: ¿Quién soy? y espero que ahora puedas hacerlo.

Conócete y vencerás todos los obstáculos.

Tienes que saber que tu personaje o ego es muy inteligente y buscará estrategias para autoengañarte de nuevo (te lo digo por propia experiencia).

Reconectarte con tu poder sin límites o vivir desde el amor (que es lo mismo) es una práctica diaria.

Así que ánimos y a practicar. Estamos todos en el mismo viaje exploratorio. Es apasionante, ¿verdad?

¿Seguimos?

En este capítulo quiero compartir un *insight* (otra forma de denominar los **clics** o momentos *ajá)* que no es ningún secreto, pero que cuando uno lo entiende a un nivel profundo se le desvela parte del misterio.

La idea es la siguiente:

"Uno tiene que darse permiso" para ser un superhéroe, un genio, un triunfador, un experto, una diosa o un Ser divino. Utiliza la palabra que más te resuene a ti. Porque aunque lo eres de verdad, si tú no te lo permites, de nada sirve saber que lo eres.

Es lo mismo que comentaba en el primer capítulo de reconocer tus autopoderes, ¿lo recuerdas?

"Reconocer" y "darte permiso" para mí son lo mismo. Fíjate en un hecho importante:

El miedo a mostrarte al mundo procede de tu yo aparente.

Tu mente te puede decir: ¿quién soy yo para hacer esto? ¿quién soy yo para creer que puedo conseguir todo lo que me proponga? ¿quién soy yo para querer triunfar en la vida? ¿quién soy yo para sentirme poderoso?, etc.

Como dice Marianne Williamson en su bestseller *A Return to Love*, que te recomiendo si aún no lo has leído (es un **must** que se dice en inglés y está traducido al español como **Volver al amor**):

— "Tú eres un hijo de Dios."

Y yo voy más allá y digo: "tú eres un dios" (en minúsculas). Suena fuerte pero es así. Lo eres, quieras o no.

Solo tú puedes reconocerlo. Primero tienes que verlo tú para que los demás lo vean de ti. Si no te reconectas con esa identidad, se quedará en el mundo invisible de la potencialidad. Es decir, no se manifestará en esta realidad física.

Qué pena, ¿verdad?

Por eso estás leyendo este libro.

Te ha llegado el momento (como me llegó a mí), de despertar el poder sin límites que hay en ti.

¿Para qué esperar más?

Te mereces lo mejor. Estás en este mundo y por lo tanto, eres valioso solo por existir.

PASO 2:

He nacido para triunfar

2.1
Deja tu huella impecable

Ahora que ya puedes responder a la pregunta: ¿Quién soy? es el momento de dar el siguiente paso y replantearte qué quieres hacer con tu vida.

Puede ser que ahora decidas hacer algo totalmente distinto a lo que venías haciendo. Sabes que nadie te obliga a conformarte, ¿verdad? Buda decía: "El cambio es lo único permanente."

Tu vida es tuya y de nadie más. Puedes hacer lo que te de la gana con ella. Hay personas que olvidan esto: que la vida es el regalo más preciado y que solo se recibe una vez (que sepamos). Así que no la desperdicies.

**Eres el artista de tu vida. Tu vida
es tu mayor obra de arte.**

Quiero inspirarte a reflexionar sobre algo importante. Te has preguntado alguna vez:

- ¿Qué pensarán de ti los que te conocieron cuando ya no estés en este mundo?
- ¿Qué dirán? ¿Qué palabras utilizarán para describirte?
- ¿Qué es lo que más recordarán?

- ¿De qué se sentirán orgullosos?

En definitiva:

¿Qué legado vas a dejar?

Un legado puede ser algo tan simple como haber sido una persona positiva, feliz, compasiva y generosa. No hace falta emprender grandes proyectos para causar un impacto positivo en el mundo, ¿verdad? Lo importante es reflexionar sobre ello y ser consciente.

En mi caso, lo que me llevó a renunciar a una vida privilegiada y cómoda por la incertidumbre de lo desconocido fueron mis respuestas a las preguntas anteriores y la inquietud de aportar mi granito de arena a este mundo.

Y te aseguro que ha sido una de las mejores decisiones de mi vida.

¡Has nacido para triunfar!

Define el éxito como tú quieras. Para mí, triunfar es ser feliz cada día haciendo lo que amo. ¿Qué significa para ti triunfar en este momento de tu vida?

Aún estás a tiempo de dejar tu huella singular y única. Puedes hacer algo que nadie más hará igual. Solo tú puedes cantar tu propia canción y es una pena que no la compartas.

Te animo a seguir profundizando en ti y a cuestionarte:

- ¿Cómo me gustaría ser recordado?

- ¿Qué es lo que me haría sentir totalmente orgulloso?

- Si fuera un ser poderoso, ¿qué legado dejaría?

- Si me permitiera triunfar sin límites ¿qué haría?

¿Lo tienes? Escribe las respuestas en algún lugar que puedas revisar siempre que quieras (te recomiendo crear un archivo en el ordenador para no perder estas notas tan esenciales).

Elige vivir tu vida tal y como tú deseas.

¿Cuál es tu huella impecable? (Impecable significa elegida conscientemente).

La mía –por si te sirve– es estar al servicio de la vida (de Dios) de forma incondicional.

2.2
¿Cuál es mi verdadero calling?

Los americanos son unos **cracks** en todo lo relacionado con el desarrollo personal y el **coaching**. Nos llevan años de ventaja, como en muchas otras cosas. A estas alturas ya habrás notado que me encanta utilizar expresiones en inglés (en muchos casos me conectan con la mentalidad anglosajona, que considero mucho más abierta que la nuestra).

Y este capítulo es un ejemplo.

Supongo que ya sabes que estuve cuatro años viviendo en Londres. Aquella experiencia fue una de las que más ha marcado mi vida. La City me dio tantas oportunidades que cambió radicalmente mi estructura mental (para bien, claro!).

Pero esto no viene al caso, sigamos con lo nuestro.

La traducción literal de **calling** es "lo que te llama." Utilizando la terminología del **coaching** sería: tu propósito de vida o misión. A mí me gusta más **calling** ya que pienso que la vida no tiene ningún propósito o sentido, solo el que tú le das.

El único propósito (el de todos) es ser feliz.

¿Estás de acuerdo?

A lo largo de mis años como coach y mentora de alto impacto, me he encontrado con muchas personas que cuando les preguntas ¿cuál es tu misión en la vida? no saben qué responder. Y lo peor es que se sienten mal por ello.

Desde mi punto de vista no hace falta darle muchas vueltas a este tema. Es fácil caer en la trampa de empezar a filosofar buscando un sentido profundo o plantearse cuestiones trascendentales que no tienen respuesta. La vida es un misterio. Seamos prácticos y enfoquémonos en crear el *lifestyle* que nos conduzca a nuestra felicidad.

Lo único que necesitas es averiguar qué te hace feliz.

Y esto seguramente ya lo sabes. Y si no, te doy una pista: lo que te hace feliz es hacer felices a los demás.

¿Cómo generas felicidad a tu alrededor?

Si te apetece puedes ahondar más en ti y proponerte una misión más concreta (ya ves que tengo preguntas poderosas para todo). Responde a lo siguiente por escrito (siempre por escrito, si no, no te servirá de nada):

- ¿Para qué vivo? ¿Qué es importante para mí? ¿Cuáles son mis valores ahora?

- ¿Cuál es el sentido de mi vida?

- ¿Qué es lo que me hace vibrar? ¿Qué necesito para sentirme bien?

Dicen que cuando uno descubre el "para qué" quiere lo que quiere, encuentra siempre el "cómo" materializarlo.

Tu calling es tu singularidad.
Es tu lugar en el mundo.

Marianne Williamson en su libro *The law of divine compensation* (que te recomiendo si aún no has leído) dice: "Tu mayor función es simplemente ser la persona que eres capaz de ser y de ese esfuerzo, emergerá tu propósito de vida."

Y es así. Cuando das lo mejor de ti, descubres quién eres y de qué eres capaz. Por eso soy tan fan de la superación continua.

Recapitulemos un poco.

En resumen, tu *calling* es simplemente lo que necesitas hacer para ser feliz. Dicho de otro modo, es lo que harías aunque no te pagaran o que ya haces de forma natural porque no puedes evitarlo.

Por ejemplo, en mi caso dedico muchas horas a leer libros de no ficción relacionados con mis temas y es algo que no podría dejar de hacer aunque quisiera. Otras cosas que me llaman y haría aunque no me pagaran por ello son: motivar, contagiar positivismo, comunicar mi pasión por la vida, investigar sobre el potencial humano, compartir lo aprendido, escribir, crecer, dar lo mejor de mí, ayudar a los demás, etc.

Mi misión es –en pocas palabras– superarme continuamente convirtiéndome en una mejor versión para inspirar, motivar y ayudar a otros a alcanzar sus mayores sueños.

Friedrich Nietzsche decía: "Sin música la vida sería un error." Yo te digo: "Sin tu música, al mundo le falta algo." Así que comparte tu música, no dejes que tu vida sea un error.

Muestra al mundo quién eres (sin miedos).

Eres perfecto tal y como eres. ¿Lo sabías?

2.3
El poder de la ambición

No sé si estarás de acuerdo conmigo en que la sociedad, en general, juzga la ambición como algo malo. Es una palabra que tiene una connotación negativa y a menudo se considera que las personas ambiciosas son egoístas o superficiales. Muchas veces he escuchado comentarios como "no seas tan ambiciosa que la vida no es esto, ¿para qué esforzarte tanto?, las personas ambiciosas nunca son felices, etc.."

Pues yo pienso que la ambición bien gestionada es buena y además muy necesaria. Todo depende de cómo la definas.

Para mí, ser ambiciosa es lo contrario de conformista. La ambición sana (consciente y con control) te motiva a crecer, a darlo todo de ti, a querer superar límites autoimpuestos, a brillar de verdad.

La ambición es energía pura.
Sin ambición, no haces nada.

Piensa por un momento en personas que conozcas que sean ambiciosas. Reflexiona: ¿Cómo son? ¿Qué energía tienen? ¿Cómo piensan? ¿Cómo actúan?

¿Cuáles son sus ideales?. Te darás cuenta de que son personas visionarias, emprendedoras, vitales, líderes, proactivas y atrevidas.

La ambición te conduce a nuevos horizontes.

Hay que ser ambicioso para ser valiente. Y sin valentía, no se consigue nada. Sé que tú lo eres porque si no, no estaríamos juntos en este viaje.

Así que déjame hacerte tres preguntas muy sencillas (sé que pregunto mucho pero es la única forma para que encuentres tus propias respuestas y te reconectes con tu Ser).

Sócrates decía: "Una vida no indagada, no merece ser vivida."

Y aquí estamos indagando tanto que tu vida merece mucho más ser vivida,

¿lo ves?

Las preguntas son:

- Si fueras más ambicioso, ¿qué cambiaría en tu vida desde ya?

- Si pensaras más en grande, ¿qué reto te pondrías ahora mismo?

- Sin miedos, ¿a qué te atreverías?

La ambición te da alas para volar. Es pura adrenalina. Cuanto más ambicioso, más potencial activarás y más conseguirás. (¡Cuidado! Siempre desde la autogestión y sin estrés ni presión).

Expande tu visión. Deja de ponerte límites a ti mismo. ¿Cómo quieres verte en un año? ¿Y en 3 años? ¿Y en 5 años?

Sueña en grande porque eres grande. Estás despertando el poder que vive en tu interior. Y te aseguro –como ya he insistido varias veces– que no tiene límites.

Sube el volumen de tu ambición.

¡A bailar ambiciosamente!

2.4

Imagine…

La canción *Imagine* de John Lennon siempre me ha emocionado y me pone la piel de gallina. Ya sé que es un clásico y que pensarás que no estoy *à la page* pero esa canción, su letra y su música me abre el corazón cada vez que la vuelvo a escuchar. Además tengo un anclaje muy fuerte con ella, que es la imagen de todos mis compañeros del programa internacional de *Leadership* de CTI *(The Coaches Training Institute)* abrazados en círculo soñando en grande con un mundo mejor. Qué poderosos son los anclajes con música, ¿verdad?

En este capítulo quiero hablarte del poder de la imaginación. Para ser más ambicioso, tienes que permitirte soñar, ¿no crees?

Walt Disney decía:

"Todo lo que puedes imaginar, puede ser creado."

Fíjate que todos los personajes relevantes a lo largo de la historia han sido grandes soñadores. Permitirse soñar utilizando la imaginación traza el camino para triunfar sin límites.

¿Qué papel juega la imaginación en tu vida?

En mi caso, creo que desde que nací ha sido mi mejor compañera. Muchas personas piensan que soy una fantasiosa que vive en un mundo imaginario. Pero la realidad es que sé muy bien lo que hago.

Soñar despierta o imaginar –que para mí es lo mismo– es lo que me ha permitido conseguir todos los retos que me he propuesto en mi vida, como por ejemplo dar el salto a la banca de inversión en Londres y luego en Luxemburgo, escribir mi primer libro, crear mi propio proyecto de éxito, dar conferencias, promocionar mi libro en Centroamérica, salir en los medios de comunicación, etc.

El primer paso siempre es: imaginarlo. La fórmula es simple:

Imaginar + actuar = crear.

Shakti Gawain en su libro **Visualización creativa** (es un libro que leí hace muchos años y que Gawain escribió hace aún más años pero no deja de ser útil) dice algo muy simple:

"Cada momento de tu vida es infinitamente creativo y el universo es infinitamente ilimitado. Solo tienes que formular una petición suficientemente clara y obtendrás todo lo que tu corazón desea."

Gawain define la visualización creativa como la técnica de utilizar la propia imaginación para crear lo que deseas en tu vida.

En mi opinión, además de visualizar y enfocarte en formular una petición clara, hay que actuar.

Sin acción, nada sucede.

Libros como **El Secreto** de Rhonda Byrne, que hablan de la ley de la atracción y básicamente afirman que solo imaginando lo que uno desea lo puede conseguir, han creado falsas ilusiones y expectativas a muchas personas.

La ley de atracción funciona siempre y cuando uno actúe.

Todos usamos la imaginación constantemente. Es imposible no hacerlo. Se trata de un proceso mental absolutamente normal.

Lo que sucede es que muchos la hemos utilizado de forma automática e inconsciente. Hemos imaginado carencias, limitaciones, problemas y dificultades como algo consustancial a nuestra vida. Y esto es lo que hemos vivido.

Visualiza tu vida ideal como si ya fuera real.

Piensa, siente, habla y actúa como si ya la estuvieras viviendo.

Este es el único secreto.

2.5
Adictos al placer

¿Te despierta la curiosidad el título de este capítulo? ¿Te sientes identificado? La palabra "adicción" parece un poco exagerada, ¿verdad?

La cuestión es que todos somos adictos al placer porque es como funciona nuestro inconsciente. Tu mente se basa en el principio del placer (apego) y del dolor (rechazo). Se apega a todo lo que interpreta como un placer y rechaza lo que asocia con un dolor.

Por esto, te saboteas. Si por ejemplo, quieres dejar de fumar pero tu mente lo asocia con un placer será imposible que lo consigas hasta que no cambies esa creencia. Tu inconsciente tiene aproximadamente el 90% de tu capacidad cerebral o sea que si no está de tu parte, lo tienes mal.

Toda adicción te hace esclavo. Y tú eres libre.

Vamos a investigar un poco más. Pregúntate (otra vez con las preguntas eh!):

- ¿Qué adicciones tienes?
- Cuando te surge un apetito corporal sea el que sea, ¿eres capaz de esperar en lugar de satisfacerlo al instante?

- ¿Realmente necesitas satisfacer todos tus deseos corporales?
- ¿Qué haces que no quieres hacer?

Por ejemplo, comer en exceso, beber alcohol, pasar de ir al gimnasio, trabajar demasiado, enfadarte, dormir poco, conformarte, etc. (existen millones de ejemplos, ¿verdad?)

Es increíble lo contradictorios que somos los humanos. Queremos una cosa y hacemos otra. O decimos no sé qué y acabamos haciendo lo contrario.

Esta incoherencia entre lo que pensamos, sentimos, decimos y hacemos es lo que nos impide alcanzar el éxito.

Para crear la vida que quieres, necesitas cambiar las asociaciones neuronales de placer-dolor. Tu mente está programada para desear la comodidad, el placer instantáneo, la gratificación inmediata y así pierdes la oportunidad de construir a largo plazo.

¿Cuál es entonces la solución?

El primer paso siempre es ser consciente de ello.

El segundo, es comprender que dejarte llevar por los impulsos es rechazarte a ti mismo porque das más poder a la adicción, es decir al patrón automático, que a ti.

Tú eres más grande que cualquier adicción.

Y por último, entrénate mentalmente para asociar el placer con otros valores como progresar, liderar tu propia vida, construir tu destino, superar tus límites, crear un impacto positivo en el mundo, dejar huella, etc.

El verdadero placer solo te lo puedes dar tú mismo.

Gran frase a tener presente, ¿verdad?

Nada exterior, y menos una adicción, te aportará la plenitud que anhelas.

Date cuenta de que los auténticos placeres son: la felicidad, la paz interior, la plenitud, la autorrealización, el crecimiento, la libertad, el amor, etc. Y estos los vas a experimentar solo si te liberas de tus adicciones (contradicciones).

La felicidad es permanente, el placer es momentáneo. Elige la felicidad versus el placer.

2.6

La ley infalible

En este capítulo voy a hablarte de un cambio de paradigma en relación al esfuerzo. Ya sabes que sin cambiar tus marcos mentales, es imposible obtener mejores resultados, ¿verdad? Sabes también que eres muy sabio pero:

De nada sirve el conocimiento si no se experimenta.

De todo lo que has leído hasta ahora, ¿qué estás practicando? ¿Qué está cambiando en ti? ¿Y en tu vida?

Si no cambia nada, significa que no estás haciendo nada. Así de simple.

Tienes que hacer algo que nunca hayas hecho para conseguir lo que nunca has conseguido.

Esta frase me encanta. Pregúntate qué es lo que nunca has hecho. Por ejemplo, cuando yo quise escribir mi primer libro empecé a leer un libro por semana. Esto era algo que nunca había hecho.

En mi opinión, esas personas que hablan y sus palabras se las lleva el viento, que repiten siempre que harán no sé qué y al final no acaban haciendo nada, son las que más sufren. Ellas mismas se crean su propia frustración.

Mantener tu palabra es básico. ¿Cómo vas a confiar en ti si no lo haces?

La verdad es que nunca he comprendido a las personas que aplican la "ley del mínimo esfuerzo" en su vida.

Ejemplos como: estudiar lo justo para aprobar el examen, mostrar que uno está super ocupado para que no le den más tareas, pasar los marrones a los compañeros, aparentar estar enfermo para no ir al trabajo, etc., son típicos ejemplos de los que no entiendo el beneficio.

Recibes lo que das. Si das lo mínimo, recibirás lo mínimo.

Cuando uno actúa haciendo lo mínimo se está tirando piedras a sí mismo. Básicamente, está perdiendo oportunidades para aprender, descubrir su potencial, superarse, sentirse satisfecho de sí mismo y, por lo tanto, aumentar su seguridad y autoconfianza.

Solo te sentirás seguro si te esfuerzas al máximo.

Otra de mis frases preferidas.

La ley infalible para ser feliz y triunfar es dar siempre lo mejor de ti. Yo la denomino "ley del máximo esfuerzo."

Pero, ¡atención¡ No me refiero a tener que sacrificarte o autoexigirte de forma desmesurada, sino todo lo contrario.

Dar lo mejor de ti significa ser tu mejor versión (tu versión consciente) en todo momento. A veces puede implicar descansar, desconectar, meditar, estar en paz. No todo es "hacer."

En pocas palabras:

Tu mejor versión es tu versión feliz.

Te aseguro que si das lo mínimo, no serás feliz.

Es importante diferenciar entre esfuerzo y sacrificio. El esfuerzo es sano, natural, necesario para crecer, mientras que el sacrificio es forzado y te produce sufrimiento. No hay que sufrir para nada sino disfrutar.

Si tú te esfuerzas en mejorar, la vida siempre te compensará.

Como decía Mahatma Gandhi: "Nuestra recompensa se encuentra en el esfuerzo y no en el resultado. Un esfuerzo total es una victoria completa."

"Un esfuerzo total es una victoria completa."

Repito esta frase porque me parece muy potente. Si la interiorizas, verás que la victoria está siempre en tus manos. Tú eliges qué esfuerzo poner en cualquier actividad.

Si incorporas esta forma de pensar, te liberarás del miedo al fracaso de inmediato.

Esfuérzate sin límites y triunfarás sin límites. Fácil, ¿no?

2.7

Lifestyle

¡Felicidades! Has llegado al último capítulo del paso 2. Esto es un gran mérito ya que no he parado de hacerte preguntas que te obligan a indagar en ti. Y pensar, cansa. No estamos acostumbrados a dedicarle mucho tiempo.

Es más cómodo no pensar ni preguntarse nada, ¿verdad?

Lo fácil es quedarnos en lo que nos han enseñado sin cuestionar nada. Pero entonces tu programación mental está configurada para hacerte infeliz.

En mi opinión:

El conformismo es la esclavitud del tiempo actual.

Sin darnos cuenta, por adicción a la comodidad y a los placeres instantáneos, perdemos la libertad de crear la vida de nuestros sueños.

Como he mencionado antes, recuerda que solo existen dos formas de vivir (no hay más, por lo tanto simplifica): vivir desde el amor o desde el miedo.

Pregúntate: ¿cuál es tu *lifestyle*? (Me encanta esta palabra. Creo que está de moda ya que cada vez existen más personas que eligen un estilo de vida hecho a su medida):

1. Dejarte llevar por la inercia y conformarte con lo que va viniendo.

2. Liderar tu propia vida y construir tu destino.

La segunda opción –la menos común– requiere un proceso de introspección considerable.

Esto es lo que estamos haciendo juntos. ¿Cómo lo llevas?

Recuerda que: ¡tú has nacido para triunfar! Por eso estás leyendo este libro. Por lo tanto, la primera opción no es para ti.

Así que vamos a eliminarla para siempre. Ya sabes que:

Toda causa crea un efecto.

Quiero compartir contigo las seis causas principales que hacen que nos conformemos con vivir por debajo de nuestras posibilidades para que puedas cambiarlas.

¿Sabes qué te hace pensar en pequeño? Encuentra la causa en lo siguiente:

1. Sentirte culpable, víctima y compararte con otros.

2. Autosabotearte por tener valores contradictorios.

3. Adaptarte socialmente por miedo al fracaso, a ser juzgado, a triunfar, a tomar decisiones, a destacar, a no ser aceptado, etc.

4. Falta de autodisciplina. Es lo mismo que falta de autoestima.

5. No estar dispuesto a pagar el precio de la incomodidad, de aprender, de transformarte, de reinventarte.

6. Autoengañarte pensando que tú no te conformas, o que el conformismo no es un comportamiento adictivo.

¿Cuál es la causa que tiene más fuerza en ti? Evalúa del 0 al 10 cada una de ellas y enfócate en la que más te controle para abandonarla.

John F. Kennedy decía que:

> **"El conformismo es la prisión de la libertad y el enemigo del crecimiento."**

Persigue la excelencia como *lifestyle* y entrarás en el "club de las personas extraordinarias."

¡Bienvenido a tu nueva vida!

PASO 3:

Descubro mi genialidad

3.1

Apasiónate

¡Hola! Soy tu nueva vida. ¿Cómo estás? ¿Preparado para cargar tus pilas a mil?

Este paso es fantástico. Disfrútalo. Te llevará a un estado vital, positivo y energético.

¿Listo para reconectarte con tu pasión?

Es posible que en tu caso ya conozcas cuál es tu pasión e incluso ya te dediques a ella. Si es así, ¡enhorabuena! Puedes pasar directamente al capítulo 3.3 si quieres.

Empecemos. Lo primero es identificar lo siguiente:

¿Qué te hace vibrar de verdad?

Me encanta el verbo "vibrar." Lo utilizo continuamente. Ya sabes la importancia de corregir el lenguaje y prestar atención a cómo hablas, ¿verdad?

Las palabras son creativas. Pronuncia solo lo que te ayude a acercarte a tus sueños.

Cuando realizas lo que te hace vibrar de verdad, vives en completa coherencia contigo mismo. Y la coherencia te conduce directamente al éxito. Vibrar significa hacer lo que te entusiasma y te emociona. Dicho de otra forma, lo que fluye con facilidad y no puedes dejar de hacer.

Reflexiona por un momento:

¿Cuándo fue la última vez que te costó conciliar el sueño por la emoción que te producía pensar en lo que te esperaba al día siguiente?

¿Hace mucho? ¿Qué era lo que te causaba esta emoción?

Te pongo un ejemplo de una experiencia que viví hace unos días. Había diseñado un nuevo programa online y el día siguiente era el último para inscribirse con una promoción. Estaba emocionada por saber cuántas personas se apuntarían al curso y ver si lo que estaba ofreciendo tenía valor. Esta incertidumbre de no saber el resultado final me mantenía ilusionada y me costó dormirme pensando en qué sucedería.

Ya ves, no hace falta que sean grandes cosas las que te hagan vibrar.

Piensa ahora en una experiencia como esta que tú hayas vivido recientemente. ¿Qué te ilusionaba?

¿Sabes que hay un secreto para vivir con ilusión y entusiasmo cada día?

¿Quieres saberlo? Si te ayuda tanto como a mí, será genial. Se trata de lo siguiente:

La pasión se reactiva cuando uno cambia su paradigma mental, se libera de las obligaciones y se permite hacer solo lo que siente en cada momento.

Parece obvio, ¿verdad? Y sin embargo, no nos lo permitimos. Nos da miedo seguir lo que nos dicta el corazón. Fíjate que la mayoría utilizamos continuamente expresiones como: "Tengo que," "Debo," "Hay que," etc.

Es mucho más difícil vivir con entusiasmo con este lenguaje, ¿no crees?

Por supuesto que cada uno tiene sus responsabilidades en la vida pero date cuenta que siempre son elegidas. Así que elimina la palabra "obligación" de tu vida y empieza a hablar con "Quiero," "Voy a," etc. Quizás harás lo mismo que antes pero desde otro lugar muy diferente. Y esta es la clave.

Lo más importante no es lo que haces sino cómo lo haces.

¿Crees que es imposible librarse de las obligaciones? Nada es imposible a menos que creas que lo es. Te aseguro que yo ahora no tengo ninguna obligación en mi vida (y antes casi todo lo era). Es un proceso, como todo.

Hay que ser valiente para liberarte de los "debo," "tengo que," etc. ¡Y tú lo eres! ¡Así que adelante!

Ponle más corazón a todo. ¡Enamórate de la vida, de las personas, de ti y de todo!

¿Te late crear la vida de tus sueños?

3.2
¿En qué destacas de forma natural?

¿Cómo va esa pasión? ¿Te sientes más vital e ilusionado?

Espero que sí y que estés disfrutando de conocerte a un nivel más profundo. Estás asentando las bases para construir un nuevo destino para ti y lo estás haciendo muy bien. ¡Sigue así!

En este capítulo quiero hablarte de cómo encontrar tu "lugar en el mundo." Muchas personas me comentan que no tienen clara su verdadera vocación y que no saben qué hacer con su vida. Quizás tú también te encuentras en una situación parecida y esto te cause frustración, resignación o apatía. Si es así, no te preocupes porque lo solucionamos rápido.

En primer lugar, tienes que saber que:

No existe una vocación única para toda la vida.

Antes de llegar a tu vocación definitiva seguramente pasarás por muchas otras temporales y necesarias, como me pasó a mí.

Como sabes, yo desarrollé más de diez años de mi carrera profesional en el sector bancario en varios países hasta que me reinventé radicalmente y cambié de profesión. Fue entonces cuando empecé a descubrir mis verdaderos talentos y pasión.

Así que si estás en un trabajo que no te llena ni te hace sentir realizado y estás dispuesto a dejarlo, bienvenido al club de los inconformistas.

Cada vez es más común dedicar unos años a una trayectoria profesional y luego cambiarla de forma radical. Aunque hayas estudiado una carrera no significa que debas quedarte de por vida en el mismo sector. De hecho, estoy convencida que en el futuro será normal tener entre siete y ocho trabajos distintos aprendiendo diversas profesiones. Hacer lo mismo toda la vida es un modelo obsoleto.

Vivimos en un nuevo escenario y hay que adaptarse a él.

Tu vocación actual está donde se entrecruzan tu pasión, tus talentos y el valor que puedes ofrecer a los demás.

Si necesitas ayuda para hallarla puedes consultar mi programa online.[3]

Y a continuación, te propongo un ejercicio para tener más pistas sobre tus dones naturales.

Haz lo siguiente:

1. **Escribe las fortalezas y talentos de todas las personas a quienes admiras.** Todo lo que admiras de los demás también lo tienes tú, aunque quizás aún no lo hayas desarrollado. No podrías admirarlo si no tuvieras esa semilla de potencial en tu interior.

2. **Presta atención a lo que haces fácilmente sin esfuerzo.**

---

3 "Descubre tu Pasión" en www.institutodesuperaccion.com

Por ejemplo: quizás eres un gran comunicador, transmites confianza, escribes fácilmente, eres muy imaginativo o sabes escuchar atentamente, etc.

3. **Pregunta a los demás qué admiran de ti.**

Pide a cinco personas de diferentes áreas de tu vida que te escriban cuáles son tus fortalezas, habilidades y talentos. Este ejercicio tan simple te ayudará a creer más en ti y seguro que te sorprendes de cómo te describen.

4. **Pregúntate: ¿en qué actividades pierdo la noción del tiempo?**

Cuando pierdas la noción del tiempo es porque estás tan concentrado en la tarea que desarrollas que pierdes el mundo de vista. A esto yo le llamo: "entrar en estado de flujo" o fluir y es como no hacer nada.

5. **Recuerda qué te decían en tu infancia.**

Todos destacamos en algo en los primeros años de nuestra vida. Somos creativos por naturaleza. Recupera tu inocencia creativa volviendo a ser como un niño. Permítete jugar más y expresa tu creatividad.

6. **¿Qué valor aportas a los demás?**

Reflexiona sobre cómo ayudas o haces felices a los demás. ¿Qué hay en ti que siempre te reconocen? ¿Qué puedes hacer por ellos que les aporta valor?

Albert Einstein decía:

"Todos somos genios. Pero si juzgas a un pez por su habilidad de trepar árboles, vivirá toda su vida pensando que es un inútil."

3.3
Sé un genio ya

Hablando de Einstein, ¿sabes que tú también puedes ser un genio? Esto es impresionante. Cuando me di cuenta, flipé en colores.

¿Yo, un genio? ¡Guau! Antes pensaba que los genios eran un grupo limitado de privilegiados que nacía con un don especial. Nunca en mi vida se me había ocurrido pensar en algo así. Una chica tan normal, de un pequeño pueblo de Girona, insegura, comparándose siempre con personas que creía mejores, etc. ¿Cómo podía plantearme ser un genio? ¿Quién me creía que era?

Pues lo soy y tú también (si quieres). Todos lo somos. Esta es la gran belleza del ser humano. Tenemos un potencial alucinante listo para materializarse.

"Los genios no nacen sino que se hacen." ¿Cuántas veces lo hemos escuchado o leído? Y sin embargo, seguimos creyendo que no es para nosotros, ¿verdad?

Un genio no es nada más que un experto.

Ser un genio es tan fácil como esto: elige una fortaleza o cualquier tema en el que quieras desarrollar tu genialidad y concéntrate en mejorarla cada día con todo tu empeño.

Reflexiona sobre lo siguiente:

- ¿En qué te vas a especializar?
- ¿Cómo cambiaría tu vida si fueras un genio?
- ¿Cuál va a ser tu área de *expertise?*
- ¿Cuánto tiempo le vas a dedicar cada día? Como decía Ludwig van Beethoven:

"El genio se compone del dos por ciento de talento y del noventa y ocho por ciento de perseverante aplicación."

El único secreto es dedicarte "todos los días" a aquello en lo que quieres ser un experto. Fácil, ¿no?

En mi caso, desde el año 2007 que empecé a devorar libros de crecimiento personal, física cuántica, espiritualidad, *coaching*, psicología positiva, etc. que no he parado. Antes ya había leído sobre ello pero desde otro lugar: más como *hobby* que con la determinación de convertirme en experta.

Esta es la clave. Sé constante.

El mundo necesita más genios. ¡Sé uno de ellos!

3.4
¿Quieres ser carismático?

El carisma es algo mágico y fascinante, ¿no crees?

Los griegos lo definían como un don divino, como por ejemplo el poder de curar o predecir el futuro.

En realidad, el carisma es una fuerza magnética y misteriosa que permite a algunas personas captar y retener la atención del público con facilidad. Personajes públicos como Barak Obama, John F. Kennedy, Mahatma Gandhi o incluso estrellas de cine como Robert Redford o Angelina Jolie son algunos de los muchísimos ejemplos posibles.

Ser carismático te da un poder increíble.

Seguro que te ha pasado en alguna ocasión conocer a alguien y enseguida maravillarte con aquella persona sin saber muy bien qué la hace tan especial, ¿verdad?

Las personas carismáticas son aquellas que simplemente con su mera presencia pueden electrizar cualquier lugar. Entran en una sala y todo el mundo lo nota. Transmiten tanta confianza en sí mismas que solo por esto atraen la atención.

Carisma y seducción van de la mano. Para mí, el carisma es natural mientras que la seducción es más intencionada y premeditada.

Una persona carismática seduce por quien es sin hacer nada.

Hay quienes creen que las personas carismáticas han nacido con algún don especial o que son tan bellas físicamente que es normal que los demás las miren. Pero en realidad no es así. No hace falta ser guapo ni atractivo para ser carismático, ¿estás de acuerdo?

El carisma atrae mágicamente, tiene un encanto irresistible que no tiene nada que ver con el aspecto físico. He conocido personas muy carismáticas y poco agraciadas físicamente.

El carisma tiene que ver más con la belleza interior y otras cualidades como las siguientes: vitalidad, energía, coraje, serenidad (sobre todo en situaciones bajo presión), metas claras, confianza y empeño en tener éxito.

Tú también puedes ser una de ellas si lo deseas. ¿Te gustaría activar ese poder en ti?

Ser carismático depende exclusivamente de ti. Puedes elegir ser una persona fascinante que impacte y atraiga a los demás.

Para ello, utiliza estas dos estrategias tan simples como:

1. Acéptate tal y como eres.
2. Interésate de forma genuina por los demás.

Por último, recuerda:

Ya eres carismático. Solo tienes que dejar de bloquear tu carisma.

¡Muéstrate tal y como eres!

3.5
¿Y si fueras más valiente?

Ahora quizás pensarás: "Muy bien. Ya sé que soy poderoso, tengo un potencial ilimitado, he nacido para triunfar, puedo convertirme en un genio, sé potenciar mi carisma, etc., pero los miedos me paralizan."

Si todo fuera tan fácil, muchos cambiarían radicalmente de vida, ¿verdad?

Te comprendo muy bien. Yo misma he sufrido muchas inseguridades, miedos y bloqueos antes de crear mi vida ideal. Por eso, escribo este libro: para hacerte el camino más fácil.

El miedo al fracaso es uno de los obstáculos que más nos impide atrevernos a crear una vida más libre.

Preguntas como las siguientes son típicas: ¿Y si no sale bien? ¿Y si me arrepiento? ¿Y si pierdo todo lo que tengo? ¿Y si los demás me juzgan?

¿Y si no soy capaz? ¿Y si...?

Yo te diría: ¿Y si sale mejor de lo que esperabas? ¿ Y si es la mejor decisión de tu vida? ¿Y si ganas ilusión, confianza y libertad? ¿Y si te sientes realizado? ¿Y si es más fácil de lo que parece? ¿Y si te sorprendes de tu capacidad?

Es fácil fracasar, por ejemplo cuando creas un proyecto solo para ganar dinero o para disponer de más tiempo libre para ti.

Si haces lo que amas y te enfocas en dar valor a los demás, tienes el éxito garantizado.

Voy a compartir contigo la mentalidad (*mindset*) y las estrategias que a mí me han ayudado a atreverme a dejar atrás vidas estables y cómodas para crear una vida más afín a mis valores.

Te aseguro que si incorporas esta forma de pensar te liberarás del miedo al fracaso para siempre. Se trata de diez nuevos hábitos que tienen el poder de transformar tu vida:

1. Empieza eliminando la palabra "fracaso" de tu vida. Ni la pronuncies. Todo son aprendizajes, experiencias y resultados. La vida es para vivirla, ¿no?

2. Cambia la palabra "incertidumbre" por libertad. Cuanto más incierta sea tu vida, más vivo estarás y más libre serás.

3. Permítete cometer errores. Cuántos más hagas, más éxito tendrás. El camino al éxito es un aprendizaje continuo y se aprende equivocándote.

4. Haz más caso a tu corazón (lo que sientes) que a tu mente (lo que piensas). Escucha esa vocecita interior que nunca falla.

5. Confía en tus talentos, habilidades y en tu proceso natural de crecimiento. Cada día eres mejor porque, quieras o no, estás evolucionando.

6. Enfócate en lo que vas a ganar y no a perder. De hecho solo perderás miedos e inseguridades.

7. Da lo mejor de ti en todo momento. Si estás dispuesto a hacer lo que haga falta, el esfuerzo realizado ya es todo un éxito, independientemente de los resultados.

8. Hazte amante de los retos. Cuanto más te desafíes a ti mismo, más potencial descubrirás y más autoconfianza tendrás.

9. Ten fe en que la vida te va a ayudar. Siempre aparecen "ángeles" en el camino que te dan lo que necesitas.

10. Olvídate de ti y sé valiente por una causa mayor. Piensa en el impacto que vas a causar en las personas que amas.

En realidad, ¿qué significa fracasar?

Fracasar es desperdiciar la propia vida. Es ser infeliz. Y tú, querido amigo, no estás aquí para esto.

Así que, pregúntate:

Si fueras más valiente, ¿qué le pedirías a tu vida?

3.6
Crea nuevas realidades

Tu vida es tuya (y de nadie más). Recuerda que puedes hacer con ella lo que quieras (siempre teniendo en cuenta a las personas a quienes afectan tus decisiones, por supuesto).

Eres libre. Tú lideras tu vida (consciente o inconscientemente).

Fíjate que el mundo que ves refleja simplemente tu marco de referencia interno: las ideas predominantes, las creencias, los valores, los deseos y las emociones que albergan tu mente.

Ya he comentado antes que:

No ves el mundo tal y como es sino como tú eres.

Tu mundo es solo una interpretación subjetiva de la realidad. Ves tus propios pensamientos. Como dice la Programación Neuro-Lingüística (PNL) "tu mapa no es el territorio." Cuando cambias la forma de contemplar el mundo, éste se transforma.

¡Es así de fácil!

Todos percibimos a través de nuestros paradigmas personales. Un paradigma es una forma de mirar el mundo o la ventana a través de la cual lo ves.

Dicho de otro modo, tus creencias son autoprofecías cumplidas (recuerda que todo lo que empieza por "auto" depende exclusivamente de ti).

Creas lo que crees.

Según tus creencias o paradigmas, experimentarás el mundo de una forma u otra y cuanto más lo experimentes así, más real será para ti. Por ejemplo: puedes ver un mundo amistoso o peligroso, un mundo abundante o escaso, un mundo lleno de genios o de mediocres, etc.

¿Cómo es el mundo que ves? ¿Te gusta?

Si es que no, puedes crear nuevas realidades para ti. Solo tienes que expandir tus modelos. Es decir, mirar el mundo a través de una ventana más grande.

Te explico el proceso que yo utilizo para esto:

El primer paso es reconocer que tus creencias son solo una interpretación subjetiva, no son reales. Deja de creértelas si no te hacen feliz o no te conducen a los resultados que quieres. Son solo tus interpretaciones (que pueden ser falsas).

El segundo paso es darte cuenta de los efectos de esas creencias, de cómo limitan tu mundo. Los pensamientos no son neutros, todos tienen un efecto en tu realidad. Si tu forma de percibir el mundo no crea las posibilidades que deseas, hay que cambiarla.

Y el tercer paso es cuestionar tus creencias actuales y abrir tu mente a nuevas perspectivas. Ponlo todo en duda. Tienes que estar dispuesto a hacer una profunda limpieza mental y deshacerte de formas de ver el mundo que no te apoyan.

Se trata de dar un giro de 180° a tu mente.

Cambia tu vida, cambiando tus paradigmas.

Como dice **Un Curso de Milagros** (UCDM): "Un milagro no es nada más que un cambio de percepción."

¿Qué milagro vas a crear a partir de ahora?

3.7
Bloquea la negatividad

Hablando de milagros, no sé si es uno de ellos o no pero has llegado al último capítulo del Paso 3.

¡Enhorabuena! Estoy muy orgullosa de ti y del camino que has emprendido.

Dime una cosa: ¿Tienes más clara tu genialidad? ¿Cómo te sientes con ella?

¿Te cuesta menos verte como un experto?

Ahora que ya eres más apasionado, entusiasta, carismático, valiente y líder de tu vida, vamos a añadirle otro ingrediente esencial: la positividad.

La vida está siempre de tu parte y quiere que tú seas feliz.

¿Te lo crees?

Si es que sí, ¡felicidades! Ya tienes mucho ganado. Y si aún dudas, cámbialo de inmediato. Tener fe en la vida es básico.

El gran beneficio de incorporar este paradigma, es que puedes abandonar la negatividad para siempre. Llegas a un estado de aceptación incondicional, pase lo que pase. Y esto te transforma profundamente.

Tampoco se trata de creer que la vida es un cuento de hadas porque no lo es. Pero sí puedes esperar lo mejor. Ten siempre expectativas positivas y te irá todo mucho mejor.

La vida es tu aliada, no tu enemiga.

Así que decide bloquear la negatividad. No permitas que nada de lo que tú NO quieres entre en tu vida ni en tus pensamientos.

Cuando estés con personas tóxicas, protégete; pon una barrera mental entre ellos y tú. ¿Cómo? Sin perder la conexión contigo mismo, mantente consciente de qué piensas y cómo te sientes. No te dejes contagiar. Tú eliges tu estado interior.

Nadie puede hacerte daño ni influenciarte negativamente si tú no se lo permites.

Sé radical. Empieza desde hoy mismo a ser 100% selectivo con tus pensamientos, sentimientos y compañías.

Tú eliges lo que piensas (te lo creas o no).

Céntrate en ti, en dejar entrar solo ideas que te potencien, que te inspiren, que saquen lo mejor de ti y te ayuden a convertirte en tu mejor versión.

Pregúntate a menudo:

- ¿Este pensamiento me esclaviza o me libera?
- ¿Qué me aporta lo que estoy pensando? ¿Me ayuda?

Cuando tu mente te esté torturando con creencias saboteadoras, miedos, inseguridades, etc. haz algo para liberarte de esta basura mental. Vete a dar un paseo por la naturaleza, pon música y baila, canta, escribe o repite afirmaciones positivas, respira conscientemente, muévete, ordena a tu mente callarse con la palabra: "stop," haz lo que sea para no dejarte llevar por esa negatividad.

No te dejes llevar por la cadena de pensamientos negativos que se retroalimentan entre sí.

Cada vez que pienses en algo que te quita la paz o te hace sentir mal, decide creer que es falso. Esto es lo que yo hago. Son lo que yo llamo "falsas percepciones." No le doy más vueltas al asunto, sobre si es verdad o no. Simplemente, lo suelto.

Con el tiempo, he entrenado mi mente con esta nueva idea:

Todo pensamiento que me quita la paz es falso.

Tú decides si creer un pensamiento o no. Bloquea lo que no quieres. Utiliza la orden: STOP.

PASO 4:

Sin el personaje, ¿quién queda por sufrir?

4.1
Tu alucinación mental

¿Estás preparado para ver más allá de lo que perciben tus sentidos?

Imagínate que empiezas a subir por un rascacielos y en cada piso miras hacia abajo. Cada vez que te paras y observas, ves una perspectiva más amplia. Sigues subiendo y, poco a poco, te das cuenta de lo inexacta que era tu visión anterior. Estabas convencido de lo que veían tus ojos y ahora descubres que solo era una pequeña porción de lo que existe en realidad. Tu visión se expande hacia lo desconocido. Te quedas tan asombrado por esa revelación que quieres explorar más.

¿Has tenido alguna vez esta sensación?

Este paso 4 es de los más transformadores. Si lo integras bien, te aseguro que se habrán acabado el sufrimiento, las preocupaciones, las frustraciones, los autosabotajes, las críticas, etc. en tu vida.

Es importante que te abras a todas estas ideas ya que es probable que una parte de ti se resista. Incluso yo escribiendo este capítulo he sentido cierta resistencia. Parece increíble, ¿verdad?

Así que lee con atención, sin prisas, haciendo pausas de reflexión y disfrutando.

Te advierto que voy a ser muy radical ya que es la única forma de conseguir el resultado que deseo.

Si te digo que tu mente alucina continuamente, ¿me crees? Si, además, te digo que todos estamos enfermos de neurosis mental, ¿qué opinas?

El día que me di cuenta de que creer en un yo separado (o personaje) era una alucinación mental, cambió todo. Vi claramente que:

El "aparente yo," denominado típicamente "ego," es solo una falsa idea. En realidad, no es nada y nunca lo ha sido.

Nos pasamos la vida queriendo demostrar que somos ese personaje cuando en realidad no existe. ¡Parece una broma de mal gusto!

Los que opinan que la vida es como un juego tienen toda la razón.

A mí me sirvió mucho comprender que el personaje (o ego) es solo aquella parte de mí a la que le gusta ser un individuo independiente y verse separado de los demás. Es aquello que define, interpreta, proyecta y lo juzga todo. Vive en el mundo de la dualidad.

Básicamente, es el "yo" que inventa el mundo que ve. (Fíjate que digo "inventa." Podría decir "fabrica," "crea," "percibe," "imagina," "sueña," etc.).

¡Pero hay mucho más que todo esto!

Tú eres más grande que ese "yo aparente."

¿Te lo crees?

Para estar más convencido, reflexiona un momento sobre lo siguiente:

El personaje (o creencia en ese yo individual) te separa de ti.

¿Qué efecto te produce esta frase?

Te propongo un ejercicio que yo practico desde hace años: cuando estés con alguien, míralo a los ojos y siente que eres tú. Abre tu corazón y mira más allá de la aparente realidad de los sentidos. Te aseguro que cuando eres capaz de crear esa sintonía y de reconocerte en otra persona, surgen los milagros.

Mira con el corazón abierto y verás la realidad. No te creas la separación que ves.

Recuerda que:

Uniéndote a los demás, te unes a ti mismo.

Bienvenido a la magia de la Unidad.

4.2
Las mil caras del "falso yo"

No solo creemos en un yo separado sino que además este se disfraza con mil caras. Es para volverse loco, ¿no crees?

¡Qué complejos somos los humanos y qué interesantes!

Hay una película italiana muy peculiar que se llama *La Grande Bellezza* (te la recomiendo si no la has visto) que precisamente habla de la imprevisibilidad y de ese misterio que somos.

El "aparente yo" utiliza un gran reparto de roles diversos que afloran alternándose continuamente sin ningún control por tu parte. Sabes a qué me refiero, ¿verdad?

Si eres plenamente consciente, descubrirás que:

En cada momento, eres un "yo" diferente.

No es extraño que en muchas ocasiones nos sintamos inseguros, ¿verdad?

Una de las estrategias más efectivas para identificar todos esos papeles limitadores es personalizarlos con un nombre. Te aconsejo que no los reprimas. Obsérvalos y presta atención bajo qué circunstancias afloran.

Estos son algunos ejemplos de nombres que utilizan algunos

de mis clientes (hay muchísimos más): el quejica, el destructivo, la víctima, el mártir,

el miedoso, el inseguro, el crítico, la controladora, la machaca, el perfeccionista, la dubitativa, la niña mimada, el irresponsable, etc.

¿Qué te parecen? ¿Te suenan algunos de ellos?

En el fondo, aunque cada persona es única nos parecemos más de lo que creemos.

Si además de un nombre les pones cara, aún podrás gestionarlos mejor. Sé creativo.

Utiliza el sentido del humor para ridiculizar todas esas facetas de tu personaje.

Tómalo como un juego o como una representación de teatro. La próxima vez que aparezcan, salúdales como si fueran un viejo amigo. Agradéceles que hayan venido para ayudarte pero diles que puedes manejar la situación como un adulto maduro y poderoso, de un modo más eficaz.

Sobre todo no te dejes engañar por las mil caras del "falso yo." Es importante que nunca olvides quien eres. La clave está en no confundirte con la percepción de los sentidos.

Un Curso de Milagros (UCDM) dice: "Solo lo eterno es real."

Lo que cambia no lo es. Por lo tanto, todos esos roles diversos acompañados de pensamientos de soledad, dolor, aislamiento, miedo, culpabilidad, etc. no son reales porque no son eternos.

Cuando dejes de creer en tu "falso yo," descubrirás que eres perfecto.

Y entonces, ¡todo se iluminará!

4.3

Acepto lo inaceptable

¿Cómo estás? O mejor te pregunto: ¿Cómo está tu personaje? ¿Se revela ante estas ideas radicales? ¿Qué te dice tu mente ahora mismo?

Quizás estos capítulos te aburran o te cansen. Si es así, tienes que saber que es normal.

Tu "falso yo" quiere mantener su protagonismo y por lo tanto hará lo posible por sabotearte.

¿Cómo? Cerrando tu mente a estas nuevas creencias sobre ti. Así que mantente muy atento para no caer en la trampa de lo aparente.

En este capítulo vamos a dar un paso más hacia tu nueva identidad sin límites.

Carl G. Jung decía: "Prefiero ser un individuo completo antes que una persona buena." ¿Estás de acuerdo? Yo sí.

Para convertirte en una persona completa, necesitas integrar ese lado oscuro (que todos tenemos) y que hemos reprimido por miedo a no ser aceptados.

A la mayoría nos han educado para ser buenos y no auténticos, ¿no crees?

Jung fue quien habló por primera vez de la sombra definiéndola como aquello que una persona no desea ser. Él afirmaba: "Cada uno de nosotros proyecta una sombra tanto más oscura y compacta cuando menos encarnada se halle en nuestra vida consciente. Esta sombra constituye, a todos los efectos, un impedimento inconsciente que malogra nuestras mejores intenciones."

La sombra es todo aquello que el consciente rechaza de sí mismo.

Vendría a ser como un espacio que utiliza el "falso yo" para esconder todo aquello que considera malo, que desea mantener en secreto, lo que oculta por miedo a ser rechazado o por lo que puedan pensar los demás.

La sombra es inconsciente por definición. No puedes saber si estás sometido o no a sus efectos. Este es el problema.

Para dejar de boicotearte tienes que integrarte. Esto es lo que significa "aceptar lo inaceptable." Aceptar todo aquello que escondes, que te da vergüenza, las emociones reprimidas, todo lo que crees que no puedes mostrar en sociedad por miedo a ser rechazado.

Un gran reto, ¿verdad? ¿Te animas a superarlo?

El primer paso para integrarte es identificar tu lado oscuro. Para ello, puedes hacer lo siguiente:

- Fíjate en lo que más te molesta de los demás; lo que realmente te altera y detestas. Esos son aspectos de tu lado oscuro proyectados al exterior.

- Presta atención a todo aquello que te causa dolor, que te hiere de verdad y no entiendes muy bien el porqué.

- Observa todo lo que juzgas o criticas exageradamente de otros.

- Sé consciente de tus actos impulsivos o involuntarios que normalmente son dañinos para ti (por ejemplo: adicciones, apegos emocionales, etc.)

- Explora cuáles son las emociones ocultas que has ido reprimiendo a lo largo de tu vida. ¿Qué emoción te cuesta más expresar? ¿cuáles son las que niegas o escondes de ti?

Jung decía: "La sombra solo resulta peligrosa cuando no le prestamos la debida atención." Y tenía toda la razón.

Acepta tu lado oscuro y serás libre.

4.4
Abrazo la incertidumbre

Dice Deepack Chopra, uno de mis autores preferidos y persona a la que admiro profundamente:

"Cuando uno abraza el miedo, éste desaparece."

Abrazarlo significa amarlo. Amor y miedo no pueden coexistir, por lo tanto cuando amas, el miedo se evapora.

Tan fácil y a la vez tan desafiador.

A lo largo de todos estos años de reinvención continua, he aprendido cómo gestionar los miedos haciéndome amante de la incertidumbre. Me acuerdo que antes me aterraba, sufrí mucho a causa de ella y, ahora, es lo que más busco y aprecio. Sin la incertidumbre, me siento muerta. Cuando todo es previsible, seguro, cómodo, me deshincho y pierdo la pasión por la vida.

¿A ti te pasa lo mismo?

Aprender a sentirte cómodo en la incertidumbre es la base para ser feliz.

Solo tienes que amarla. Tienes la capacidad para ello. Tú eliges si amar o no. En lugar de huir o evitarla, búscala. Invítala de forma voluntaria a tu vida.

El miedo (lo contrario del amor) no es nada más que una cortina de humo que, cuando uno la cruza, se da cuenta de que al otro lado no hay nada. Es una falsa perspectiva, una ilusión.

De hecho, es solo tu personaje quien tiene miedo. Y lo tiene porque, como es falso, tiene que estar demostrando continuamente que existe. Por eso analiza, proyecta, juzga, tiene preferencias, se resiste, etc.

En realidad, no hay motivos para temer. Tú ya sabes que eres mucho más que el personaje.

Tu "yo real" sabe que lo desconocido es bueno.

¿Qué piensas de esto?

Por propia experiencia te confirmo que cuando uno decide hacerse amante de la incertidumbre, ésta se convierte en su mejor compañera. Cambia la palabra "incertidumbre" por "libertad" y será más fácil abrazarla.

Cuanto más incierta sea tu vida, más libre serás. Si tu vida es muy segura significa que te estás estancando.

Pregúntate a menudo: ¿a qué nivel de incertidumbre estoy viviendo mi vida?

Hay una cita de Maya Angelou que dice: "La vida es pura aventura, y cuanto antes lo comprendamos antes podremos tratar la vida como un arte."

Vive la incertidumbre como un arte. Déjate vivir por el misterio de lo desconocido y te sorprenderás de los regalos que te trae.

Las oportunidades aparecen cuando tienes la valentía de salir de lo conocido. Lo sabes, ¿verdad?

Cada día define tu vida. Si la incertidumbre llega a tu día a día la convertirás en tu forma de vida. Y te aseguro que si haces esto, vivirás con más pasión y entusiasmo que nunca.

Tienes una nueva amante: la incertidumbre.

(Upps!! No se lo digas a nadie).

4.5
Fin de los problemas

Voy a confesarte algo que normalmente no cuento pero haré una excepción.

Si te soy sincera, desde hace muchos años no tengo problemas. De hecho, no me acuerdo de la última vez que tuve uno. Me imagino que en algún momento los tuve como todo el mundo (no soy diferente en esto) pero con mi forma de pensar actual me cuesta recordar alguno. Sorprendente, ¿verdad? Pero muy cierto.

Piensa por un momento:

- ¿Qué problemas tienes tú ahora?
- ¿Qué es para ti un problema?
- Si en lugar de problemas hablaras de retos, ¿qué cambiaría?

En mi caso, por supuesto que tengo retos a diario (y menos mal), pero no son problemas.

**Los problemas te bloquean.
Los retos te motivan.**

Es brutal el poder de las palabras. Cambia "problemas" por "retos" y verás cómo tu mente te da soluciones constructivas y te pones en marcha. Elimina la palabra problema de tu vocabulario. Ni la pronuncies.

Declárate una persona sin problemas.

Eres tú quien crea tus retos diarios y siempre todo tiene una solución. En realidad, nunca pasa nada tan grave que no puedas superar. Además, cualquier circunstancia por más adversa que sea lleva siempre el regalo del aprendizaje y del crecimiento. Lo sabemos y, sin embargo, lo olvidamos.

UCDM va más allá y dice:

**"En realidad, solo existe un problema. Solo uno.
Y es tu creencia en la separación."**

Dicho en otras palabras, el único problema real es tu identificación con el falso personaje. El ego o "falso yo" necesita crear continuamente problemas, preocuparse, instalarse en el "yo, yo, yo..." para seguir con vida. De otro modo no existiría.

Y esto lo hace de la siguiente forma: construye la creencia de que algo que está ocurriendo no debería ocurrir, o que algo que debería ocurrir, no está ocurriendo.

Date cuenta de que la fuente de tu sufrimiento no son las circunstancias de tu vida ni los supuestos problemas, sino tu resistencia. Intentamos negar nuestra experiencia pensando que algo ha ido mal o que lo que estamos experimentando no es lo que deberíamos vivir.

Cuando no existe personaje (mejor dicho: cuando no crees en ese "falso yo"), no hay nada contra lo que luchar. No existe resistencia. Este es el fin de los problemas y del sufrimiento.

Fácil, ¿no?

Por último, recuerda:

El único problema es la creencia en problemas.

4.6

Muere cada día

Ufff!!! Vaya tela con el personaje, ¿verdad?

¿Cómo lo llevas hasta ahora? ¿Sigues sintiendo la resistencia de tu aparente yo? ¿Estás atento con la mente receptiva?

¿O estás hecho un caos y ya no sabes ni quién eres?

Si es así, ¡bravo! Te felicito. Bromas aparte, estás más vivo que nunca.

Como ya te comenté, este Paso 4 es de los más importantes porque cuando consigues vivir sin creer en un personaje separado, haces un *clic* de 180° y los milagros aparecen.

¡Garantizado!

De hecho, este es el propósito del libro. Elevar tu conciencia a un nivel sin límites, subiendo pisos de ese rascacielos infinito para que te identifiques con quién eres de verdad.

Tu reconexión ya está en marcha. Confía.

Antes de seguir, recapitulemos un poco. Como ves, en este paso se trata de hacer todo lo contrario de lo que aflora por inercia. Es decir:

- Dejar de alucinar y ver que eres infinitos "yo."
- Aceptar lo inaceptable.
- Abrazar la incertidumbre.

- Declararte una persona libre de problemas.

Y darte cuenta de que:

Eres tu peor enemigo.

Mejor dicho: el único enemigo eres tú. Y cuando digo "tú" por supuesto me refiero al personaje que ya conocemos.

En este capítulo voy a pedirte que te desapegues totalmente de él. El desapego implica el fin del sufrimiento y de la auto-destrucción. Si no te aferras a nada y no te resistes, es impo-sible que sufras.

La lucha viene por querer controlar lo que sucede según las preferencias del "falso yo." Por lo tanto:

Hay que "morir" cada día como práctica diaria.

"Morir" significa olvidarte del "yo" y de sus problemas ficti-cios. En definitiva, dejar de ser víctima de ti mismo.

"Morir" es seguir la voluntad de Dios (ponle el nombre que prefieras) de forma incondicional.

Y lo más extraordinario de todo es lo siguiente: cuando te liberas del miedo a que las cosas que deseas no ocurran, en-tonces es cuando las posibilidades de que ocurran aumentan. Esta es la gran paradoja.

Muere para alcanzar todo lo que te propones. Muere cada día para ser feliz.

Muere para vivir de verdad.

Parece una contradicción, no lo es.

Antes había un programa, ahora estoy yo

¡Enhorabuena! Has llegado al final de este paso. Esto dice mucho de ti. Te felicito de verdad. Sé que es un gran desafío y lo has superado.

Well done! —que dicen los ingleses.

Me alegro mucho de que seas una persona comprometida. Esta es la única forma para que te sirva todo lo que estás leyendo.

Sin tu compromiso, no hacemos nada. Así que gracias. Lee detenidamente esta frase:

"Antes había un programa, ahora estoy yo."

¿Qué te dice?

A mí me impactó mucho cuando la leí en el libro *Ecología mental* de Jorge Lomar, que por cierto te recomiendo.

Es triste desperdiciar la propia vida por no aprender a soltar los programas automáticos del personaje, ¿verdad?

¿Cuántas personas conoces que viven como autómatas?

Se quejan todo el día, se sienten víctimas, critican, no hacen nada por cambiar y su vida sigue estancada. Son lo que yo llamo "muertos vivientes." En mi opinión, esto es lo peor que uno puede experimentar.

Fíjate que tu mente solo puede servir a un amo. Así que en cada momento eliges si hacer caso a:

1. Miedo o "falso yo" (analizando, proyectando, negando, resistiéndote, etc.)
2. Amor o "yo real" (aceptando).

Pregúntate: ¿Qué porcentaje de tu vida está regido por el miedo (patrones automáticos)? ¿Y por el amor (tu yo consciente)?

Hay que permanecer muy vigilante a los programas de proyección, condena, crítica, ataque y culpabilidad para no caer en su trampa.

Estos programas son los que crean la ilusión del miedo. Son los mecanismos que utiliza tu "falso yo" o personaje para atemorizarte.

El miedo se alimenta del miedo.

Para sanarte y convertirte en tu mejor aliado, tienes que invertir tu sistema de pensamientos y decidir quién dirigirá tu mente. Esto requiere un estado de alerta continuo y un cuestionamiento de muchas de tus creencias.

Una mente consciente está en paz y es creativa. Una mente programada es contradictoria y enferma.

¿Cuál eliges?

¡Bienvenido al mundo real: sin personaje!

PASO 5:

Declaro mi inocencia

5.1
El ataque a ti mismo

Antoine de Saint-Exupery escribió: "Haz de tu vida un sueño, y de tu sueño una realidad." En eso estamos, ¿verdad?

¿Cómo estás? ¿Cómo te sientes después del desafiador Paso
4?

¿Sigues vivo? (jajaja. Mejor ponerle sentido de humor, ¿no?)
¿Te identificas más con el Ser poderoso que eres? Paciencia...
Es un proceso que necesita su propio ritmo —como todo. Te
confieso algo importante: llega un momento que es mejor
no mencionar más a tu ego (o "falso yo") porque cuanto más
atención le prestes, más fuerza adquiere.

**Tú ya no eres un personaje ni un programa. Eres un
Ser sin límites en paz y preparado para vivir con
abundancia ilimitada.**

Es apasionante descubrir más sobre el misterio que somos,
¿no crees? Vamos a seguir explorando un poco más.

¿Quieres seguir liberándote de falsedades? Te aseguro que
este paso te quitará un lastre considerable y te sentirás mucho más liviano. A mí me sucedió cuando lo escribí.

En este capítulo quiero hablarte de la culpa.

Culpa = Ataque

En primer lugar, date cuenta de que sentirte culpable es atacarte a ti mismo. ¿Qué sentido tiene atacarte? Ninguno, ¿no? Y, sin embargo, lo hacemos sin parar.

En general, nos sentimos culpables por todo: que si trabajo demasiado, que si tendría que hacer más o menos, que si hago no sé qué, que si no lo hago, que si soy así, que si me falta no sé qué, que si he hecho algo malo, que si no voy al gimnasio, etc.

Hagas lo que hagas, la culpabilidad te acompaña. Es uno de tus peores enemigos (muchas veces inconsciente) y te causa infinidad de conflictos. Los efectos de la culpa son los siguientes:

1. Te crea un sentimiento de no merecer.

2. Magnifica el miedo al futuro porque cuando uno se siente culpable teme ser castigado.

3. Te hace perder la paz interior.

4. Te produce inseguridad.

5. Pierdes la libertad porque haces aquello que los demás esperan que hagas.

6. Hace que tú mismo busques el castigo, tanto física como mentalmente, pues creerás que si tú te castigas, nadie más lo hará.

Solo el "falso yo" o personaje puede experimentar la culpabilidad.

En definitiva, la culpa es la creencia que has pecado, que has hecho algo malo. Es una "decisión" que tiene lugar en tu mente.

Utiliza el perdón como práctica diaria (aunque creas que no lo necesitas). Estamos tan acostumbrados a culparnos y a juzgarlo todo que, sin darnos cuenta, seguimos haciéndolo.

Tú no eres culpable de nada.

De hecho, ni tú ni nadie. ¿De acuerdo?

5.2

Abandono la culpa

Me pregunto: si no soy culpable de nada, ¿por qué me cuesta tanto liberarme de este peso innecesario?

¿Quieres saber cuál es el motivo?

Después de reflexionar y leer mucho sobre este tema, he llegado a la siguiente conclusión: para mi personaje o "falso yo" no sentirse culpable significa no ser importante. Por eso, consciente o inconscientemente, sigue aferrándose a este hábito dañino. ¿Te pasa a ti lo mismo?

Tienes que ser consciente de que:

Tanto si lo sabes como si no, siempre estás atacándote a ti mismo.

Qué absurdo, ¿verdad?

Tal vez creas que en ocasiones atacas a otra persona; sin embargo, esa culpa siempre retorna a ti. Otras veces, sientes que te atacan y te sientes ofendido. Es otra ilusión. La ley del bumerán dice que todo pensamiento que proyectas hacia otra persona vuelve a ti.

Entonces, ¿cuál es el camino para abandonar la culpa definitivamente?

La solución es responsabilizándote o adueñándote de ella.

Por ejemplo, si sientes ira y crees que es causada por otra persona, el primer paso es decir: "Ok, ira, ya sé que me perteneces, no voy a aparentar que procedes de otra persona." Te responsabilizas, la expresas y se queda en ti. Ya no la emites fuera. Así se acaba el ataque. De esta forma, nadie que se sienta suficientemente culpable debe recogerla, ni tampoco tiene que retornar a ti como un resentimiento. Se corta el círculo vicioso.

Ves qué fácil.

Fíjate que cuando atacas a alguien te sientes culpable porque crees que puedes herirlo. Te sientes mal. Y en el fondo te estás atacando a ti mismo. Llevas siempre la culpabilidad contigo y la retroalimentas.

Para poner fin a este proceso crónico, hazte responsable de tus ataques a los demás. Deja de proyectar hacia fuera.

Culpa y responsabilidad son excluyentes.

Puedes utilizar las siguientes estrategias para liberarte de la culpa de una vez por todas:

1. Repítete cada día que eres inocente y que todo lo que haces está bien.

2. Deja de culpar a los demás.

3. Recuerda que eres amor y comprensión.

4. Sana tu mente dejando de luchar y de oponerte a tu realidad. Acéptalo todo.

5. Sé tú mismo. Sé coherente con lo que sientes y vive la vida como tú quieres. Practica la coherencia emocional.

Abandona la creencia en el ataque. Ni eres culpable, ni tienes porque atacarte, ni nadie te puede atacar. Estás a salvo.

Por cierto, si no lo has leído, te recomiendo **Los 12 pasos del perdón** de Paul Ferrini, un manual práctico basado en **Un Curso De Milagros** (UCDM) que trata muy bien este tema.

Sin culpabilidad, tu personaje no tiene razón de ser.

¡Fuera culpa, fuera "falso yo"! Yeahhhhh!!!

5.3
Castigo a través del cuerpo

Uff!! Qué alivio, ¿no? ¡Eres inocente!

Vamos a hacer una prueba. Quizás piensas que tú no te sientes culpable de nada y que la culpa está fuera de tu vida. ¿Es tu caso?

Si es así, enhorabuena. No sabes el éxito enorme que esto representa.

De todas maneras, quiero asegurarme bien. Para ello, pregúntate lo siguiente:

- ¿Tienes alguna adicción de la que no puedes librarte?
- ¿Controlas bien los apetitos corporales?
- En el momento de un antojo, ¿quién decide: tú o tu cuerpo?
- ¿Con qué facilidad te quedas atrapado en una adicción del cuerpo?

¿Sabes por qué te pregunto todo esto? Porque:

Es a través del cuerpo que experimentas el pecado.

Por ejemplo con el exceso de comida, tabaco, alcohol, drogas, sexualidad incontrolada, falta de descanso, etc.

En el fondo, te sientes culpable porque experimentas separación respecto a otros cuerpos (personas), increíble, ¿no? Y esto hace que castigues tu cuerpo con adicciones incontrolables.

La aparente separación es lo que crea el castigo.

El personaje vive en tu cuerpo. Si dejas que él rija tu mente, caerás en la trampa de los apetitos corporales que te hacen esclavo de comportamientos dañinos.

Sin embargo, tú eres mucho más grande que cualquier adicción. Fíjate que cualquier adicción te da un placer inmediato que se convierte en un dolor futuro. Placer y dolor son dos caras de la misma moneda. Por ejemplo, si te permites comer demasiado seguramente más tarde te recriminarás los kilos de más, o que la ropa no te queda bien. Otro ejemplo: si te permites fumar solo un cigarro al día, tu cuerpo te va a pedir otro en cualquier momento y sufrirás al no fumarlo.

¿Cuáles son tus hábitos incontrolables?

Entrar en este juego es vivir a través del personaje. Te conviertes en un prisionero.

Y recuerda que tú eres libre.

Desvincúlate de esas conductas nocivas y tóxicas cambiando de mentalidad. No eres culpable. No eres una víctima.

Cambia de mentalidad y tu comportamiento te seguirá.

El cuerpo es muy sabio. Tienes el poder de sanarte y vivir en paz, ¿lo sabías?

5.4

No pudo ser de otra manera

Esta es una de las ideas inspiradas en UCDM que más me ayudaron a liberarme de la culpa y el victimismo.

"No pudo ser de otra manera" significa que no te equivocaste, no hiciste nada mal, no fracasaste ni tuviste el control de nada.

Tu pasado es perfecto.

Los supuestos errores del pasado fueron oportunidades para aprender, crecer y cambiar tu percepción limitada. Gracias a todo lo vivido, eres quien eres hoy. Y eres tal y como Dios (ponle el nombre que tú quieras) te creó. Tu esencia sigue siendo la misma.

Y además ya sabes que:

Todo sucede tal y como tiene que suceder.

Este es el subtítulo de mi segundo libro *El mejor año de tu vida*.[4]

---

4 Puedes descargarte el primer capítulo gratis en la web: http://www.monicafuste.com/

Si eres de las personas que se recriminan sucesos del pasado, o crees que te equivocaste, suelta inmediatamente esta creencia. Es falsa. En la vida, todo sucede para ayudarte en tu proceso de crecimiento. Por lo tanto, todo lo que has vivido, sea bueno o malo, lo necesitabas para seguir evolucionando.

Agradece todo lo vivido.

Todo es para tu bien. Siempre.

Y lo mismo en relación a los demás. Si crees que alguien te hizo daño o te traicionó, tenías que vivirlo y tampoco pudo ser de otra manera. En realidad, nadie te puede hacer nada si tú no se lo permites. Solo tú puedes traicionarte a ti mismo. Traicionarte significa perder la conexión con quien eres tú.

Haz las paces con tu pasado, en el caso de que tengas temas pendientes de resolver contigo mismo.

Da igual lo que sucedió o lo que viviste. Ahora, en este preciso momento, es cuando puedes cambiarlo. Reescribe tu historia con otra óptica. Date cuenta de que no cometiste ningún error. Hiciste lo mejor que sabías y creciste. Y esto es lo que cuenta.

Como decía Ralph W. Emerson: "Lo que dejamos atrás y lo que tenemos por delante no son nada comparado con lo que llevamos dentro."

Me encanta esta cita. Es pura sabiduría, ¿verdad? Y ahora dime: ¿Te sientes más ligero?

5.5

El perdón incondicional

¿Cómo estás? ¿Te has declarado inocente del todo ya?

¿Continuamos con este proceso de sanar tu mente?

Quizás pensarás que estoy dando mucha importancia al tema de la culpa y el perdón. Créeme cuando te digo que esta es la base de todo (y no lo digo yo sino el UCDM).

El perdón es un concepto mal entendido.

Muchas veces pensamos que el mayor reto es perdonar a los demás. Sin embargo, resulta fácil perdonarlos cuando ya te has perdonado a ti mismo. Tienes que saber que es imposible ofrecer tu perdón a otros si no te perdonas primero a ti mismo.

En mi opinión, todos tenemos una herida para sanar y cosas que perdonarnos. Perdonarte es un acto que haces de todo corazón, con todo tu Ser.

El perdón no es parcial sino completo, auténtico e incondicional.

No puedes decir, por ejemplo: "me perdonaré cuando haya conseguido...," o "te perdonaré si primero me pides disculpas," o "te perdonaré a ti pero no a ella," etc.

Si no has realizado nunca el ejercicio de escribirte una carta de perdón desde lo más profundo de tu corazón, te recomiendo que lo hagas. Elige un momento que puedas tener intimidad, que sepas que nadie te va a interrumpir y empieza a escribir a mano sin pensar. Puedes empezar así: "Querido (tu nombre), hoy quiero pedirte perdón por...." Utiliza la escritura automática para dejar fluir las palabras desde dentro.

No juzgues nada de lo que escribas. Olvídate de la gramática, la sintaxis, el estilo y, simplemente, vacía tu mente.

Una vez escrita, y si sacas emociones reprimidas mucho mejor, puedes quemarla como un ritual de transformación. El fuego purifica. Ofrécela al Universo.

Ábrete a la incondicionalidad que eres.

Cuando seas capaz de esto, verás la inocencia de los demás y, de repente, tu mundo brillará como nunca. Te darás cuenta de que en realidad, la vida es como un juego y es absurdo sufrir.

Qué fácil decirlo y qué reto aplicarlo cada día, ¿verdad?

¡Práctica, práctica y más práctica!!!

5.6
Despido a mi "yo crítico"

¿A ti también te pasa que a menudo que...

- Tu voz interior te juzga, te compara y te infravalora?
- Te sientes inseguro y dudas de ti mismo?
- Tienes un ruido mental que te agota?

Supongo que no soy la única (aunque cada vez me pasa menos).

Somos prisioneros de nuestro "yo crítico," una de las caras del personaje (¿lo recuerdas?).

Por la experiencia adquirida en mi consulta de *coaching & mentoring*, he podido comprobar que todos sufrimos por un patrón mental que nos machaca, nos juzga, nos dice que no somos suficientes, que no merecemos, que no somos dignos de ser amados, etc.

El "yo crítico" es otro enemigo fabricado por ti mismo.

Es un ladrón de tu paz, plenitud y armonía. Te roba la vida. Y como fuiste tú quien lo creaste, eres tú quien puede quitarle el poder.

A estas alturas, es absurdo continuar criticándote, ¿no crees?

Por lo tanto, igual que quizás en algún momento despediste a tu jefe —y si no lo has hecho seguro que lo harás dentro de poco—, despide a tu "yo crítico." Díselo: "Querido yo crítico (ponle el nombre que quieras):

Te despido de mi vida. Ya no te necesito. Ahora me amo a mí mismo..." No luches contra él ni quieras huir. Acéptalo como una parte de ti.

Date cuenta de que, en realidad, no es el "yo crítico" quien te hace sufrir sino el hecho de aferrarte a él. Dicho de otra forma, cuando escuchas lo que te dice, te lo crees y das valor a sus juicios es cuando te domina. Si no le haces ni caso, pierde todo su poder.

Respétate. No te hagas daño a ti mismo.

Eres tu mejor aliado, ¿recuerdas?

En realidad, se trata de conseguir lo que decía Leonardo da Vinci cuando le preguntaban: "¿Cuál es el mayor logro?" Y él respondía: "Yo mismo."

Conviértete en tu mayor logro activando tu "yo amoroso": el que te ama sin condiciones y ve tu inocencia.

Recuerda que en cada momento estás eligiendo a quién hacer caso, si a tu "yo crítico" (miedo) o a tu "yo amoroso" (amor). ¿Cuál es tu elección ahora?

Acéptate tal y como eres.

¡Fin de la cuestión!

No tienes que cambiar nada. No tienes que conseguir nada. No tienes que demostrar nada. Simplemente, tienes que ver la perfección en ti.

¿La ves?

5.7

La inocencia es la única verdad

En estos momentos si has leído los capítulos de este Paso 5 por orden y los has integrado, tendrías que sentir un amor incondicional hacia ti como nunca has experimentado. Al menos este era mi propósito.

Deja de leer. Respira profundamente y siéntelo.

¿Cómo te ves a ti mismo? ¿Qué te estás diciendo? ¿Qué sientes en realidad?

¿Cómo ha cambiado tu percepción? ¿Y tu autoconcepto?

Cuando uno aprende a dejar de culparse, se perdona incondicionalmente y lo acepta todo de sí mismo, los milagros aparecen por arte de magia.

Te lo digo por propia experiencia: cuanto más te aceptes, es decir, cuanto más te ames, más te sorprenderá la vida. De hecho, en mi opinión todo se resume en esto.

El UCDM afirma que:

"La inocencia es la única verdad y no existe nada más que la verdad."

Todo lo que no sea inocencia es falso. Sin embargo, seguimos condenándonos.

El perdón no suele producirse de repente. Poco a poco, vas soltando todos esos juicios que te mantienen prisionero y abandonas el hábito de juzgar. No hay una manera correcta o equivocada de hacerlo. Simplemente, es un proceso continuo igual que lo es la meditación, el ejercicio físico, el yoga, etc.

El perdón es un proceso que dura toda la vida.

Perdonas, y entonces te viene otro juicio, y vuelves a perdonar. Nunca llega un momento en el que puedas decir: "Ya está. Ya no hace falta que me perdone ni que perdone a los demás."

Declara tu inocencia cada día (sin excepción).

Has llegado al final de la primera parte de *Sé Tu Mejor Aliado*.

¡¡¡Felicidades!!!

Sé que indagar sobre uno mismo y cuestionarse no es nada cómodo. Pero es muy liberador, ¿verdad?

Ahora sí que ya estás listo para la segunda parte de este libro, la que te pondrá en acción. Te esperan los cinco pasos clave para completar la reconexión con tu Ser y tu poder.

Elevar la consciencia como lo estás haciendo te va a permitir crear la vida de tus sueños, sin límites. ¡Garantizado! Prepárate para triunfar de verdad, querido lector inconformista y valiente.

Es un honor estar acompañándote en este viaje hacia tu mejor aliado: tú mismo.

PASO 6:
Entreno el foco como un rayo láser

6.1
¡Obsesiónate!

Como sabes, *Sé Tu Mejor Aliado* está enfocado en solucionar problemas y/o retos comunes a los que todos nos enfrentamos cuando queremos crecer, tanto personal como profesionalmente, y crear otra realidad en nuestra vida que nos aporte más paz y abundancia.

Puede ser que te estés planteando por ejemplo, dejar un trabajo estable para crear un proyecto propio, reinventarte con una nueva profesión o dar un salto exponencial en un negocio ya existente. Todos estos cambios requieren un crecimiento personal previo y una nueva mentalidad que te permitirá conseguir el desarrollo profesional que anhelas.

Desde mi punto de vista, solo se puede alcanzar la abundancia ilimitada o libertad financiera emprendiendo tu propia empresa. Si trabajas por cuenta ajena siempre tendrás un límite en tu sueldo por más que ganes.

Así que si aún no te has propuesto este cambio de vida profesional, te animo a ello. Ahora que te estás convirtiendo en tu mejor aliado, se abren nuevas oportunidades para ti.

Si ya dispones de tu negocio, ¡genial! Estos capítulos te servirán igualmente para mejorar.

Uno de los mayores secretos de mi éxito y que me hanpermitidoreinventarme tantas veces es el foco. Por eso he considerado importante hablar de este tema.

En este Paso 6 me voy a centrar en cómo solventar el problema, tan habitual hoy en día, de la dispersión, el desenfoque y las distracciones en general.

Eres tu mejor aliado, ¿recuerdas? Puedes crear todo lo que desees. Solo necesitas saber con claridad qué quieres y entrenar tu foco de atención para dirigirlo dónde tú elijas de forma recurrente. Imagínatelo como un rayo láser potente, directo, transformador que a través del poder de la intención puede manifestar lo que sea.

La atención es poder.
Obsesiónate con lo que sí quieres.

Ya sé que la palabra "obsesión" se puede malinterpretar o usar peyorativamente. Sin embargo, aquí la utilizo en el sentido de de dar máxima prioridad, de potenciar una idea tenaz que nos asalta.

En mi caso, todos los grandes éxitos que he conseguido, como por ejemplo mis cambios de vida radicales, escribir mi primer libro o crear nuevas fuentes de ingresos, han sido gracias a una concentración máxima durante un largo periodo de tiempo.

Para crear el destino que deseas, convierte tus sueños en tu foco prioritario.

Todo es cuestión de prioridades.

Doy por supuesto que ya dispones de una visión precisa y sabes exactamente cuáles son tus sueños. Si aún te cuesta tener claridad y no tienes tus objetivos bien definidos por escrito, puedes consultar mi Programa Reinvención que te ayudará a ello.[5]

Recuerda que:

La claridad siempre precede al éxito.

Estoy convencida —y lo he vivido en mis propias carnes— de que cuando uno utiliza su foco de atención de forma deliberada con una visión clara, persevera y está dispuesto a hacer lo que haga falta (esto implica aprender de los errores, rectificar y no darse nunca por vencido), consigue todo lo que se propone.

No es ningún secreto que tu atención o conciencia es lo que crea tu realidad. Recuerda las 2 leyes irrefutables por excelencia:

1. Obtienes aquello a lo que prestas atención.
2. Aquello en lo que te enfocas, se expande.

El foco de tu conciencia se convierte en la realidad de tu mundo.

Si aún no tienes la situación que quieres, es porque te falla el foco. Probablemente te estás orientando hacia lo que no quieres y esto es lo que recibes.

Te recomiendo hacer el siguiente ejercicio: durante todo un día observa en qué te fijas, dónde está tu pensamiento, de qué hablas, qué lees, qué buscas en internet, etc. y escríbelo.

---

5 **Encontrarás toda la información en este link.** http://www.instituto-desuperaccion.com/programa-superaccion/

Cambia tu foco para cambiar tu vida.

¿Cuál es tu obsesión en estos momentos de tu vida? (obsesión sana ¡eh!)

6.2

Nuevo escenario

Para vivir en paz y alcanzar la abundancia ilimitada tienes que ser consciente de que vivimos en un nuevo escenario que lo ha cambiado todo. La globalización, las comunicaciones, internet y el tener acceso a tanta información de forma inmediata han creado nuevos retos que hay que afrontar.

Hoy en día necesitas ser mucho más proactivo, innovador, flexible, creativo, y emprendedor para no dormirte en los laureles. Lo que hoy sirve, mañana quizás ya sea obsoleto.

Si no te reinventas continuamente, mueres.

Es así de radical.

La velocidad del cambio es abismal y sigue en aumento exponencial. Esta exagerada aceleración hace que sea muy fácil dispersarse y distraerse,

¿no crees?

Por esto, es sumamente importante dedicar más momentos a la reflexión y la calma para no desviarte de tu rumbo.

Por una parte, disponemos de más oportunidades que nunca. Por ejemplo, fácilmente puedes emprender un negocio por internet con pocos recursos y ofrecer tus productos o servicios a nivel global.

Sin embargo, no está tan claro que este nuevo contexto sea favorecedor para todos. A muchas personas les cuesta más tomar decisiones y saber qué quieren por el hecho de ver tantas opciones. El miedo a equivocarse es mayor, y paraliza. Esta es la principal causa de la dispersión.

Acepta este nuevo reto para afrontarlo.

La solución es la siguiente: haz solo aquello que realmente te apasiona.

Fíjate en la palabra **"solo."** Es mejor ser excelente en algo concreto y útil que no saber un poco de todo.

Como decía Steve Jobs: "La única manera de hacer un gran trabajo es amar lo que haces. Si no has encontrado todavía algo que ames, sigue buscando. No te conformes. Al igual que los asuntos del corazón, sabrás cuando lo encuentres."

Hoy en día, si tienes un negocio o quieres crear uno rentable, necesitas **hiperespecializarte.** Cuanto más te centres en aportar tu valor único solucionando problemas concretos de un micro nicho de mercado, más éxito tendrás.

Menos es más. Simplifica tu vida centrándote en lo que sabes hacer bien.

Por otra parte, ten en cuenta también que con el impactante avance de las tecnologías se han creado nuevas necesidades que antes no teníamos. Hoy en día ya no podemos vivir sin las aplicaciones del móvil, de la tablet y de internet. Nos pasamos el día conectados por what's up, en las redes sociales, navegando por la red, mirando un vídeo en youtube, hablando por skype o haciendo un hang out, etc.

Este nuevo contexto provoca que concentrarse en una única tarea a la vez se haya convertido en todo un desafío. Y esta es la causa del desenfoque y las distracciones.

Proceder sin distracciones significa con una concentración máxima sin estar pendiente de los estímulos del exterior. Muchas personas lo primero que hacen justo al levantarse es mirar el móvil, revisar los e-mails o entrar en las redes sociales.

Me pregunto cómo se puede mantener el foco para ser productivo con estos hábitos.

Así que pregúntate:

¿Cuánto tiempo al día te permites sin distracciones?

Reflexiona sobre lo siguiente:

- ¿Eres capaz de empezar una tarea y seguir hasta terminarla?
- ¿Consigues centrarte en tus prioridades sin estar pendiente del móvil ni de los e-mails?
- ¿Sigues cayendo en la trampa de la multitarea?

Di "adiós" a la dispersión, el desenfoque y las distracciones siendo consciente de los retos del nuevo escenario.

Te sugiero un nuevo mantra: *focus, focus, focus*.

6.3
Superproductivo con 20 hábitos

Este capítulo te va a servir tanto si trabajas por cuenta propia como ajena. Todos necesitamos aprender a ser super productivos.

Está claro que si vivimos en un nuevo mundo y nos enfrentamos a nuevos desafíos, tenemos que aprender nuevos hábitos, ¿verdad?

Hoy en día, necesitas aprender a desaprender.

Desaprender significa sustituir un hábito por otro. Esta es la forma más fácil de cambiar patrones de comportamiento y los expertos afirman que en menos de un mes repitiendo el nuevo hábito, lo puedes integrar.

La fórmula es simple:

+ concentración = + productividad

Como dice Curso de Milagros (UCDM): "Una mente sin entrenar no sirve para nada."

Seguramente conoces también la cita de Mahatma Gandhi: "Cuida tus pensamientos porque se convertirán en tus palabras. Cuida tus palabras porque se convertirán en tus actos. Cuida tus actos porque se convertirán en tus hábitos. Cuida tus hábitos porque se convertirán en tu destino."

La pregunta es: ¿Qué nuevas conductas necesitas incorporar para adaptarte fácilmente al nuevo contexto sin dispersarte?

Aprender a conseguir más en menos tiempo y esfuerzo es básico.

A continuación, te menciono los 20 hábitos que a mí me han servido para convertirme en superproductiva y multiplicar mis resultados:

1. Haz solo una tarea a la vez.

2. Termina lo que empieces.

3. Lleva una agenda diaria electrónica o en papel.

4. Empieza el día centrándote en lo más importante y lo que más te cueste.

5. Dedica tiempo cada día para tus prioridades sin distracciones.

6. Agrupa tareas similares y hazlas juntas.

7. Calcula el tiempo máximo que dedicas a determinadas tareas.

8. Bloquea tiempo en tu agenda para reflexionar, clarificar tu visión, repasar tus objetivos, hacer un seguimiento, etc.

9. Identifica el 20% de las tareas que producirán el 80% de resultados. (Esto se refiere a la regla de Pareto que confirma que solo el 20% de lo que haces te produce el 80% de los resultados).

10. Delega todo lo que no se te da bien.

11. Céntrate en mejorar tus fortalezas y habilidades.

12. Enfócate en aportar valor a los demás. Soluciona problemas concretos.

13. Pon orden en tus papeles y escribe tus notas de forma electrónica para no perderlas.

14. Reserva tiempo cada semana para las tareas que procrastinas, es decir a todo aquello que vas posponiendo y dejando sin hacer.

15. Levántate una hora antes.

16. Evita los ladrones de tiempo (e-mails, móvil, redes sociales, etc.)

17. Céntrate solo en tres tareas importantes cada día.

18. Anticípate a futuros desafíos.

19. Pon por escrito tus objetivos anuales, mensuales y semanales y revísalos a menudo.

20. Prémiate cuando cumplas tu plan.

¿Cuáles de estos hábitos ya tienes incorporados? ¿Y cuáles aún no?

Como ya sabes, todo es cuestión de práctica. Elige el patrón de comportamiento que consideres más prioritario en tus circunstancias actuales y céntrate solo en él hasta que forme parte de tu *modus operandi.*

Si necesitas ayuda para aprender a mantener tu foco y producir más en menos tiempo, cambiar hábitos y convertirte en un superproductivo, te recomiendo mi vídeo curso: Plan de Acción Infalible.[6]

Robin Sharma, experto en liderazgo y autor del bestseller

---

6 **Puedes encontrar la información aquí:** http://www.institutodesuperaccion.com/plan-de-accion-infalible/

El monje que vendió su ferrari dice: "Sé visionario. Mira hacia el futuro donde la mayoría de la gente se queda anclada en el pasado. Y no tengas miedo de romper tus rutinas. Replantéate constantemente tus métodos de trabajo. Pregúntate siempre: ¿Cómo podría mejorar mi productividad?"

Y tú, ¿qué vas a hacer para convertirte en un superproductivo?

Recuerda que dispones de un rayo láser potente, directo, transformador para enfocar hacia lo que deseas manifestar.

¡Ánimos!

6.4
Digo "no"

Hazme una confesión:

- ¿Te pasa que a menudo te cuesta decir "no"?
- ¿Te sientes mal si no haces lo que te piden?
- ¿Complaces más a los demás que a ti mismo?

A lo largo de mis casi ocho años acompañando a personas en sus procesos de cambio, me he dado cuenta de que uno de los grandes inconvenientes para la mayoría es ser incapaz de decir "no."

Decir "sí" cuando en realidad quieres decir "no" es traicionarte.

La mayoría hemos sido educados para ser obedientes y "buenos niños." La orden inconsciente "complace a los demás" nos domina, además de condicionar nuestra personalidad sin darnos cuenta. Queremos ser aceptados, amados y casi todo lo que decimos y hacemos es buscando esa aprobación externa.

Buscar la aprobación de los demás te convierte en un esclavo y te distrae.

Acuérdate de que tu enfoque tiene que estar siempre en tus sueños. Puede ser que parte de tus prioridades sean la familia, la pareja, los amigos y está perfecto. No se trata tampoco de no hacer nada por los seres queridos, pero sí que es importante diferenciar lo que uno hace por obligación de lo que siente realmente desde el amor desinteresado.

Hay personas, sobre todo mujeres, que siempre dan más prioridad a las necesidades ajenas que a las propias. Y esto es un gran error.

Así que querido lector, pregúntate:

¿Cómo quieres vivir tu vida: según la aprobación de los demás o en coherencia con tus propios valores?

Solo dispones de 2 opciones. ¡Elige bien!

Te aseguro que tienes mucho que ganar si te acostumbras a decir "no." Algunos ejemplos para practicar este nuevo hábito son: a algún conocido que solo desea contagiarte su negatividad, a una amiga que chismorrea, a un pariente que te hace dudar de ti mismo, a un compromiso social que no te apetece nada asistir, a una ex pareja que se aprovecha de ti, etc.

Si quieres saber más sobre cómo aprender a decir "no" puedes ver este vídeo post en mi blog: http://www.monicafuste. com/te-cuesta-decir-que-no/ donde comparto cinco estrategias prácticas para solucionar este problema.

Por último, te recomiendo un ejercicio muy simple que te va a ayudar: reflexiona y pon por escrito lo que necesitas hacer durante los próximos días o semanas para tener la sensación de que **te has enfocado** en tus prioridades. Y luego, di "no" a todo lo demás.

Sé fiel a ti mismo haciendo lo que sientes (sin obligaciones).

Libérate de la carga de complacer para ser amado. Tú no estás aquí para hacer feliz a nadie más que a ti. Igual que nadie está en tu vida para hacerte feliz a ti.

¿A quién vas a decir que "no"?

6.5

Escucho y luego, hablo.

Tu forma de hablar también te ayuda a mantener el foco hacia lo que deseas. Presta mucha atención a las palabras que utilizas. Tu lenguaje determina el significado que le das a todo lo que experimentas y por lo tanto, a cómo te sientes.

Como decía Lao Tzu:

"Utiliza pocas palabras, pero dilas con calma y sinceridad, y serán eternas."

Las palabras son creativas. Son energía que se materializa. Cada palabra lleva asociada una connotación positiva o negativa. Palabras como: problemas, fracasos, incertidumbre, miedo, inseguridad, tengo que, intento, pero no.., lógicamente te quitan energía y te bloquean. Mientras que otras como: retos, oportunidades, experiencias, libertad, confianza, seguridad, sueños, quiero, voy a, sí..., etc. te aportan vitalidad.

Corrige tu lenguaje para entrenar tu foco de atención. Utiliza solo palabras que te empoderen.

Escucha el doble de lo que hablas.

Qué buen consejo, ¿verdad?

Escuchándote más conseguirás elegir cada palabra con consciencia. Soltarás lo que yo denomino el *bla, bla, bla* que no sirve para nada y es un desgaste de energía innecesario.

Escuchando a los demás aprenderás y conectarás a un nivel más profundo. Cada persona es un maestro y te enseñará algo. La escucha activa es una de las habilidades más importantes a desarrollar para mantener excelentes relaciones. Y ya sabes que la calidad de tu vida depende de la calidad de tus relaciones.

Escuchar activamente es otra forma de entrenar tu foco de atención.

En cuanto a las palabras, hay dos que son muy mágicas y cuanto más las repitas, mejor te sentirás. Estas palabras te abren a lo bueno de la vida. Cuando uno las incorpora en su lenguaje habitual y las pronuncia con conciencia, automáticamente cambia su estado. Y cuando las recibes de otra persona te sientes reconocido y valorado.

Qué fácil es hacer sentir bien a los demás con unas simples palabras. Y qué poco lo utilizamos.

¿Sabes de qué palabras te hablo? Son las siguientes:

Muchas gracias.

En mis seminarios, una de las técnicas que más recuerdan mis alumnos es la de empezar el día agradeciendo mínimo cinco cosas en tu vida y dar las gracias por un nuevo día.

La gratitud es poderosa. Utilízala para mantener tu foco de atención en lo que ya funciona en tu vida y conseguirás mucho más.

Repite a diario:

Gracias, gracias, gracias.

6.6

Mapas mentales

- ¿Y si te dijera que existe una herramienta que facilita mucho mantener tu foco?
- ¿Y si hubiera una técnica que permitiera dejar de dispersarte de inmediato?
- ¿Y si aprendieras cómo ordenar tus ideas con una simple hoja de papel? Tachánnnnn!!!!!

Estoy hablando de los mapas mentales (*mind map*, en inglés).

Desde que los descubrí no he parado de utilizarlos para todo. Cada vez que inicio un nuevo proyecto como puede ser escribir este libro, un nuevo curso o incluso para mi plan anual, utilizo un mapa mental.

Un mapa mental te ayuda a ordenar ideas, a enfocarte en lo importante, a simplificar conceptos, relacionarlos y te da una visión clara de todo en una misma hoja.

Los mapas mentales funcionan igual que la mente, por eso son tan útiles.

Crear un mapa mental es super fácil. Puedes hacerlo con algún programa gratuito que encontrarás en internet o a papel y bolígrafo, que es como acostumbro a hacerlo yo porque no he perdido el hábito de escribir a mano ni quiero que me ocurra. Por si no lo sabes, los grafólogos dicen que, a través de la escritura a mano, uno puede moldear su carácter y cambiar creencias inconscientes.

La forma de elaborarlo es muy simple: en el centro de la hoja escribes el proyecto o el tema principal en el que quieras trabajar y después vas desarrollando una lluvia de ideas relacionadas con ese tema. Puedes utilizar colores, imágenes, líneas, etc. para priorizar y diferenciar las ideas secundarias.

Cuanto más creativo seas, más te va a servir tu mapa mental.

Un ejemplo de mapa mental que a mí me funciona mucho y hago cada inicio de año es el siguiente: en el centro de la hoja escribo mi visión a un año en tres líneas, más mi definición de éxito/felicidad y elijo tres palabras para el año. A continuación, voy creando los diferentes conceptos relacionados con mi visión como son:

- Objetivos (cinco objetivos personales y cinco profesionales anuales).

- Valores (los cinco valores más importantes por orden de prioridad).

- Mi "yo futuro" (mi nuevo autoconcepto, es decir, en quién me voy a convertir para alcanzar esa visión, que incluye: nuevos talentos, cualidades y habilidades junto con tres creencias potenciadoras).

- Limpieza mental (aquí escribo hábitos mentales a eliminar e incluso personas tóxicas de las que me voy a alejar).

- Recursos (incluyo mi equipo de aliados: las personas que me apoyan, creen en mí y me inspiran, formación, tiempo para cargar pilas, etc.).

- Nuevos hábitos (pongo tres y los voy cambiando a medida que los he incorporado en mi rutina diaria).
- Plan de acción (desgloso los objetivos anuales por meses y por semanas).

Una vez lo he creado, lo cuelgo en algún lugar destacado para verlo cada día. De esta forma, es muy difícil que me desvíe de mi plan. Sin darme cuenta, mi mente inconsciente recuerda en todo momento qué quiero y hacia dónde voy.

Este es mi mayor secreto para mantener mi enfoque.

Los mapas mentales al ser tan visuales son muy atractivos para tu cerebro.

Lógicamente, voy actualizándolo continuamente ya que los nuevos hábitos van cambiando e incluso los objetivos y el plan. Hay que ser flexible y adaptarse a lo que venga.

Te sugiero que tú también crees tu mapa mental personalizado. Te aseguro que te ayudará a conseguir mucho más de lo que creías posible.

Como dice Tony Buzan, creador de los mapas mentales, son "un método de análisis que permite organizar con facilidad los pensamientos y utilizar al máximo las capacidades mentales."

En resumen, las ventajas de usar mapas mentales son las siguientes:

1. Te dan una visión global de todo el trabajo.
2. Son fáciles de elaborar y memorizar.
3. Te permiten centrarte rápidamente en lo más importante.
4. Fomentan la creatividad.

5. Aumentan la productividad.

6. Mejoran la concentración.

7. Son totalmente personalizables.

¿Te he convencido para empezar a utilizarlos?

6.7

Las 3 P's

A lo largo de mi vida, he escuchado muchas veces frases del tipo: qué suerte tienes, a ti siempre te va todo bien, tú sí que puedes conseguir todo lo que te propongas, para ti es muy fácil, etc.

Cuando alguien me dice algo así, me doy cuenta de que no tiene ni idea de cómo se consigue el éxito duradero.

De hecho, no hay un secreto. Desde mi punto de vista:

No existe el éxito duradero sin un esfuerzo diario, continuo, enfocado y comprometido.

Todo se consigue poco a poco, con pequeños avances diarios.

Incluso diría más: cualquier logro extraordinario conlleva un esfuerzo igualmente extraordinario. Es matemático. Ya conoces la ley de la naturaleza: lo que un hombre siembra, eso recoge.

Planta tus semillas conscientemente para recoger lo que deseas.

Tres semillas que te van a servir y que yo llamo: "las 3 P's" son las siguientes:

- Pasión.

- Perseverancia.

- Paciencia.

¿Cuál de estas te cuesta más? En mi caso, la paciencia (aunque he mejorado mucho en los últimos años).

Evalúa del 0 al 10 a qué nivel tienes incorporadas estas 3 P's en tu día a día.

Creo que la suerte no existe sino que se la crea uno. Cuando veo a personas de éxito que han conseguido grandes desafíos, me quito el sombrero y las admiro por el esfuerzo que han sido capaces de realizar a diario. Envidiarles es absurdo. Si uno quiere más, solo necesita esforzarse más. Fin de la cuestión. No hay otra forma.

Sé discípulo de ti mismo.

La autodisciplina cuesta pero más duro es vivir una vida mediocre e insatisfactoria.

El precio que se paga por no ser constante es demasiado alto.

Así es como se consigue el éxito duradero: con pasión, perseverancia e infinita paciencia y sin darse nunca por vencido. No te rindas jamás. No abandones tus sueños. Sigue adelante un poquito más cada día.

Y nunca te relajes demasiado.

Nada hace fracasar más que el éxito.

Cuando uno triunfa es fácil volverse descuidado y perder lo ganado. Sé humilde y no des nada por hecho. Cuando digo "nada," me refiero a "nada." En el momento en que te acomodas, la vida te lo quita.

¿Quieres un éxito duradero?

Ofrece un esfuerzo apasionado, perseverante y paciente.

Cuando hablo de esfuerzo no me refiero a sacrificio sino a un fluir fácil –podríamos llamarlo un "no-esfuerzo"– ya que no es forzado. Es importante esta distinción.

Por último, te dejo con una cita de Mark Zuckerberg, fundador de Facebook que dice:

"El mayor riesgo es no correr ningún riesgo. En un mundo que cambia muy rápidamente, la única estrategia que garantiza fallar es no correr riesgos."

Vamos a arriesgarnos a cambiar radicalmente nuestra mente y nuestros hábitos para crear una vida de paz y abundancia, ¿verdad?

PASO 7:

Soy paz en todo momento

7.1
Puedo ver paz en lugar de esto

Este paso 7 es uno de mis preferidos. A mí me ha cambiado la vida. Te permitirá autogestionar tu estado emocional y con esto, tu capacidad de manifestar lo que deseas se va a triplicar. Por mi experiencia, hay un "antes" y un "después" cuando uno integra esas ideas tan contrarias a la programación mental automatizada que todos tenemos.

Cuando sueltas las falsedades mentales, lo que queda es paz.

- Si te dijera que es posible estar en paz en todo momento, ¿me creerías?
- Si fueras capaz de gestionar cualquier adversidad sin alterarte demasiado, ¿cómo mejoraría tu calidad de vida?
- Si tu interior permaneciera sereno como el agua quieta y transparente de un lago, qué cambiaría?

¡Wow! ¿Te imaginas?

Pues a esto es a lo que vamos.

Por supuesto que llegar a ese estado es un proceso, como todo. Sin embargo, hay formas que acortan el camino y esta es mi intención con este paso.

Fíjate en el poder de la siguiente afirmación: "Puedo ver paz en lugar de esto." Dicho de otra forma, en cualquier momento, si lo decides, puedes ver y ser paz. Depende solo de ti, de tu mente.

Como dice el Dalai Lama: "No necesitamos más dinero, ni fama, ni un cuerpo perfecto; nuestra mente es el equipamiento necesario para ser feliz." O Dale Carnegie al afirmar: "La felicidad no depende de lo que eres o lo que tienes, sino depende únicamente de lo que piensas."

Qué sabias palabras, ¿verdad? Vamos a ir un poco más lejos:

Eres paz en todo momento.
Cuando no lo eres, no eres tú.

No es que sientas paz sino que tú eres paz. Es un estado en el que ya te encuentras. No tiene nada que ver con lo que haces o lo que sucede a tu alrededor. Es un estado interior.

Por lo tanto nada ni nadie te la puede quitar a menos que te despistes.

La paz es siempre paz. No depende de fuera. Así que grábate esta frase en tu mente:

Tu máximo objetivo es la paz.

Pregúntate continuamente: ¿Este pensamiento o sentimiento me da paz o me la quita? Si te quita la paz, es falso. No te lo creas. Solo los pensamientos que te mantienen en calma son verdaderos.

En este momento, o bien ves la perfección o no la ves. Solo tienes dos opciones. Dicho de otra forma, cuando aceptas que todo es exactamente como tiene que ser, te relajas y te conectas con quien tú eres de verdad.

Es solo el personaje o "falso yo" –que a estas alturas ya tienes superidentificado– que cree que tiene el control, juzga, analiza y se resiste a lo que es, quitándote la paz que eres.

Acuérdate de la ley probada que dice: "Si te resistes, persiste. Si lo aceptas, desiste."

¿Qué eliges la resistencia o la paz?

Cuando sabes quien eres realmente, es imposible que el "falso yo" te quite la paz.

Y es entonces cuando empieza a fluir tu máxima creatividad ya que una mente serena es creativa.

En mi caso noto mucho la diferencia, por ejemplo, escribiendo. Cuando soy paz, las palabras fluyen sin esfuerzo, pierdo la noción del tiempo, estoy en ese estado de *flow* en el que sientes que eres un canal creativo y la vida te utiliza para crear. Después, cuando vuelvo a la "realidad" me sorprendo de lo que he escrito.

A partir de hoy, acuérdate de que eres paz en todo momento y que:

Siempre puedes ver paz en lugar de lo que ves.

Tú eliges.

7.2

El método de Byron Katie para vivir con gozo permanente

Desde hace muchos años, no recuerdo exactamente cuándo empezó, me he maravillado de la especial relación que se puede crear con los libros. Mágicamente y de las formas más inesperadas, caen libros en mis manos que me dan exactamente lo que necesito en cada momento.

¿Te sucede a ti lo mismo?

Es increíble cómo un libro puede iluminarnos tanto en un momento concreto.

Me imagino que somos muchos los que disfrutamos de esta magia con los libros. Y hay que decirlo: somos muy afortunados.

Pues bien, este verano justo un día antes de salir hacia Croacia para disfrutar de dos semanas de relax total, me llamó Mònica, una íntima amiga del alma y sin venir a cuento, me dijo que tenía que leer el libro *Mil nombres para el gozo* de Byron Katie, que te recomiendo si no lo has leído.

— Qué extraño, pensé. ¿Por qué habrá insistido tanto?

Yo estaba preparando la maleta, no tenía tiempo de ir a comprar el libro y además le había prometido a mi compañero que desconectaría totalmente y no leería nada relacionado con mis temas.

Sin embargo, sin saber el porqué y sin pensar, a las nueve de la noche salí corriendo, cogí un taxi y me fui a una librería a comprar el libro recomendado por mi amiga.

Es mágico cuando nos sorprendemos a nosotros mismos haciendo algo que no sabemos el porqué, ¿verdad?

El libro de Byron Katie no tiene desperdicio ya que las ideas son tan claras y bien expresadas que la mente se apacigua sin esfuerzo. Esto es lo que me sucedió a mí este verano: empecé a sentir un gozo permanente, una paz desconocida. Y esto es lo que quiero para ti.

Algunas de las ideas de Byron Katie son las siguientes (no es nada nuevo, simplemente su forma de expresarlas tiene mucha luz):

- Si discutes con la realidad, pierdes siempre.
- Puedes creerte tus pensamientos o no creértelos. En el primer caso, sufres. En el segundo, no.
- Lo peor que puede suceder es un pensamiento.
- El sufrimiento es opcional.
- Un maestro es quien ya no cree que las cosas deberían ser diferentes a como son.
- La verdad es la realidad que emerge en cada momento.
- Vive desde el asombro y sentirás el gozo de vivir.
- Cuando te conviertes en amante de lo que es, el mundo es tu propio reflejo.

- Todo sufrimiento viene de tu mente, no del mundo ni de los demás.

- Si piensas que la causa de tu problema está "allá fuera" te pones en el papel de víctima.

- El placer es un intento de llenarte a ti mismo. El gozo es lo que eres.

Y mira esta declaración (una de mis favoritas):

Una mente que ama la realidad es la única forma de libertad.

Fíjate que dice "la única." O sea, no hay otra manera de ser libre. Se trata simplemente de amar lo que es en cada momento, sea lo que sea.

Fácil, ¿no?

Me pregunto por qué nos cuesta tanto hacer esto. Y solo me viene la siguiente respuesta:

Hemos sido programados para ser infelices.

Increíble pero cierto.

Por último, quiero compartir contigo el método de indagación de Byron Katie titulado *The Work* para cambiar creencias limitadoras. (Por cierto, ella tiene otro libro titulado *Amar lo que es* que tienes que leerte sí o sí).

Se trata de preguntarte lo siguiente en relación a cualquier creencia que te incomode:

1. ¿Es verdad?

2. ¿Puedes saber que es verdad con absoluta certeza?

3. ¿Cómo reaccionas cuando crees este pensamiento?

4. ¿Quién serías sin este pensamiento?

Así que ya sabes: a ponerlo en práctica. Elige no sufrir. Solo necesitas investigar tus pensamientos estresantes y cambiarlos.

¡Eres el gozo permanente!

7.3
Autogestión inmediata

Quizás ahora pensarás: todo esto está muy bien. Sé que puedo ver paz en lugar de lo que veo, que soy el gozo permanente, etc. Pero ¿qué hago cuando sufro un tsunami emocional?

A lo largo de mis últimos ocho años acompañando a cientos de personas en su proceso de cambio me he dado cuenta de la importancia de saber autogestionarse de forma rápida. Muchas personas, yo antes era una de ellas, viven en una constante montaña rusa de emociones que les hacen reaccionar de una forma no deseada.

La inestabilidad emocional es otra de las causas por las cuales pierdes la paz.

Acuérdate de que todas las palabras que empiezan por "auto" dependen exclusivamente de ti. Hablo de autogestión inmediata porque me parece una pérdida de tiempo quedarte bloqueado en una emoción durante demasiado tiempo.

En este capítulo voy a explicarte cómo gestionar las emociones para que no te controlen y puedas evitar momentos de bajón inútiles.

En primer lugar, quiero resaltar que para mí:

No existen las emociones positivas y las negativas. Es un error etiquetarlas.

Todo son emociones pasajeras que no podemos evitar. Ser humano implica tener emociones y sentir, quieras o no. Por supuesto, que es mucho más agradable sentir alegría y compasión que por ejemplo miedo, rabia o tristeza. Tendemos a reprimir las emociones "negativas" y a perseguir las "positivas." Esto es lo peor que podemos hacer.

La clave está otra vez en la aceptación. Acepta que eres un ser emocional y que sentir está bien, sea lo que sea.

Tienes que saber que las reacciones automáticas ante una emoción no deseada son las siguientes:

1. Reprimir.

2. Huir.

3. Autoengañarse.

4. Luchar.

Así es como se crea miedo al miedo y se convierte en un círculo vicioso sin fin. La solución es la siguiente (básicamente hacer todo lo contrario):

Siéntelas aquí y ahora sin juzgarlas. Quédate en el momento presente y explora cómo se manifiestan en tu cuerpo. Por ejemplo, practica con el miedo. Identifica cómo reacciona tu cuerpo ante una situación de temor. Puede ser que te tiemble la voz, te suden las manos, se te acelere el corazón, te pongas colorado, etc. Una vez conoces tus reacciones corporales es mucho más fácil ser capaz de gestionar la emoción.

El siguiente paso es normalizarlas. Deja de dramatizar. Sentir es normal y punto.

Autogestionarte significa perder el miedo a sentir cualquier tipo de emoción.

Observas la emoción, la aceptas y después la dejas ir, igual que ha venido.

A continuación, comparto contigo las estrategias que me sirven para potenciar mi autogestión, es decir, vivir las emociones supuestamente negativas desde un lugar tranquilo y sereno:

- Para el **miedo** utilizo el sentido del humor. De hecho le he puesto un nombre cómico a todas esas voces miedosas que surgen cuando menos me lo espero. Para mí son "cocodrilos" y cada vez que me viene una creencia limitante me acuerdo que es un cocodrilo. Así pierde todo su poder. Deja de tomarte la vida y a ti mismo tan en serio y ríete más. Verás que el miedo desaparece de tu día a día. Otra cosa que me ayuda, es pensar que sentir miedo es bueno porque significa que estoy fuera de mi confort y creciendo.

- La **rabia** la utilizo para tomar decisiones y tener más determinación. La rabia es una energía muy poderosa que te permite marcar tus límites y ponerte en acción. Las mujeres, en general, hemos reprimido mucho esta emoción porque nos han educado para ser complacientes y adaptarnos a las necesidades de los demás. Me he encontrado con muchas clientas incapaces de expresar rabia porque llevaban una carga muy pesada acumulada del pasado. Cuando aprendes a sacar tu rabia, te liberas de una forma brutal.

- Para la **tristeza** utilizo la perspectiva de agradecimiento. La tristeza es la sensación de pérdida. Si te enfocas en lo que ya no está, en lo que has perdido, es fácil dramatizar y sentirte sin ánimos. Sin embargo, si recuerdas que la vida es un cambio permanente y agradeces lo vivido, aunque quizás ahora no lo tengas, te sentirás bien. La melancolía te lleva al pasado y esto te hace perder el presente. Vive el duelo que tengas que vivir, no reprimas la tristeza pero no la retroalimentes tampoco.

Ahora que ya conoces estrategias para autogestionarte voy a explicarte qué me ayuda a cambiar mi estado emocional de forma inmediata.

Todos tenemos días de bajón, en los que nos sentimos sin ganas de nada, apáticos y sin energía. Cuando te sientes así es porque tu mente está pensando en algo que no quieres. Para cambiar tu estado puedes cambiar tu enfoque mental, e interpretar lo que estás pensando de una forma positiva o utilizar el movimiento corporal. Cuando mueves el cuerpo, se mueven las emociones. Por ejemplo, puedes poner música alegre y bailar (es lo que yo hago), hacer deporte, dar un paseo en medio de la naturaleza, hacer yoga, respirar profundamente, meditar, etc. Cuando cambias tu postura corporal y tu respiración, automáticamente te sientes de otra forma.

Pruébalo. ¡Baila más en tu vida!

Si te gusta bailar y no conoces la práctica de los 5 Ritmos te la recomiendo. Busca en internet *5 Rhytms* de Gabrielle Roth. Yo empecé a bailar en el 2011 y me cambió totalmente la vida.

Ahora soy amiga de "las" emociones y ya no las considero "mis" emociones.

Nada nos pertenece. Ni lo que sentimos.

¿Estás de acuerdo?

7.4
¿Qué diferencia a los triunfadores?

En los siguientes tres apartados voy hablarte de algunos rasgos de personalidad a potenciar y de otros a evitar para dar un paso más en esta aventura de convertirte en tu mejor aliado. Y lo haré porque:

Cuando eres quien quieres ser, estás en paz.

Mientras los lees sería interesante que hicieras un ejercicio de honestidad contigo mismo y te cuestionaras cuáles tienes integrados y forman parte de tu personalidad y cuáles te gustaría incorporar.

Por cierto, ¿qué es para ti un triunfador?
¿Te consideras uno de ellos?

Un día recuerdo que dediqué unas horas a reflexionar profundamente sobre este concepto. Es fácil caer en la trampa de creer que para ser un triunfador uno tiene que alcanzar algo extraordinario, o pensar que nunca es suficiente lo que se ha conseguido. Al final llegué a la conclusión que todos somos triunfadores solo por el hecho de existir. Si no lo fuéramos, no estaríamos aquí.

Sin embargo, si definimos triunfar como alcanzar lo que uno se propone, aquello que diferencia a las personas que lo consiguen es:

1. Las <u>acciones</u> que emprenden. Ya sabemos que sin acción, nada se consigue.

2. La relación que tienen con ellos mismos y con los demás. Dicho de otra forma, su nivel de <u>inteligencia emocional</u>.

Supongo que estarás de acuerdo conmigo en que los triunfadores, y tú por estar leyendo este libro eres uno de ellos, son siempre personas de acción y tienen las habilidades emocionales muy desarrolladas.

Dicen los expertos, contrariamente a lo que siempre se ha creído, que:

El coeficiente intelectual solo representa un 20% de la verdadera inteligencia que necesita una persona para crear una vida plena y satisfactoria.

Solo un 20% ¿Te das cuenta del poder que tienes? El 80% restante corresponde a la inteligencia emocional y práctica. Y lo mejor de todo es que puedes desarrollar este tipo de inteligencia porque es algo que se enseña y se aprende. Por lo tanto, si eres una de aquellas personas que nunca se ha considerado lo suficientemente inteligente, es momento de liberarte de esta falsa creencia.

La inteligencia práctica se define como la capacidad de comprender el entorno y utilizar ese conocimiento para determinar la mejor manera de conseguir unos objetivos concretos.

Ya tienes esta capacidad, ¿verdad? Se trata solo de fortalecerla. Al igual que las siguientes habilidades emocionales que poseen todos los triunfadores, evalúa del 0 al 10 a qué nivel has desarrollado cada una de esas cualidades y elige dos para mejorar:

1. Capacidad de reconocer y comprender tus propias emociones.

2. Autogestión de tus emociones, autocontrol y confianza en ti mismo.

3. Iniciativa, autodisciplina y motivación de logro.

4. Empatía, saber escuchar, persuadir, ponerse en lugar de otros.

5. Capacidad de liderar y de potenciar el desarrollo de los demás.

6. Habilidad de comunicarte eficazmente y de colaborar.

7. Flexibilidad, adaptabilidad a los cambios rápidos y capacidad de dar soluciones creativas a contratiempos.

¿En cuáles te vas a centrar a partir de hoy?

Déjame hacerte otra pregunta ahora que has visto en qué consiste la verdadera inteligencia:

¿De qué te sientes capaz cuando te consideras sumamente inteligente?

Escríbelo sin pensar demasiado.

7.5
Los 10 rasgos de las personas que siempre fracasan

En **coaching** se acostumbra a decir que hay que fijarse en lo que sí queremos, en lo que ya hacemos bien, en nuestros talentos, fortalezas, habilidades y éxitos diarios. Sin embargo, está bien que, de vez en cuando, pongamos un poco de atención a lo que NO hay que hacer para alcanzar el éxito.

En este apartado, voy a definir "fracaso" como no conseguir la vida que uno desea. Dicho en otras palabras:

Fracasar es desperdiciar la propia vida, es no hacer nada por cambiarla.

Ya sabes que el camino hacia el éxito no es una línea recta y que para llegar al destino final, hay que pasar por muchos "fracasos/aprendizajes."

Una cosa es fracasar (sentirse víctima) y la otra es equivocarse, aprender y rectificar perseverando hacia tus metas (asumir la responsabilidad).

Quiero hablarte de cómo son las personas que viven en la "zona de confort del fracaso" para que tú NO seas una de ellas.

Hay estudios que resumen muy bien los rasgos y características de este tipo de personas. Básicamente son los siguientes (evalúa del 0 al 10 a qué nivel crees que los tienes):

1. Rigidez: son personas incapaces de adaptarse al cambio permanente y de integrar nuevos hábitos de comportamiento o de mejora. Poseen poca capacidad de aprendizaje.

2. Inacción: se dejan paralizar por las excusas mentales, se quedan en la zona de confort, lo conocido, y se dejan llevar por la inercia y el conformismo.

3. Negatividad: ven siempre el vaso medio vacío, se fijan solamente en los problemas. Tienen una percepción exagerada de los obstáculos, actitud pasiva, victimismo, quejas, críticas, dramatismo, etc. Su pesimismo es constante.

4. Relaciones muy pobres: son personas que critican muy severamente a otros, son insensibles, antipáticos, poco empáticos o actúan como verdugos exigiendo a los demás egoístamente.

5. Competición: las personas que fracasan compiten ferozmente con los demás, creen en la escasez y piensan que para ganar ellos, otros tienen que perder.

6. Falta de autocontrol: soportan mal la presión y tienden al mal humor y los ataques de cólera. Pierden el equilibrio en situaciones tensas y son incapaces de mantener la serenidad.

7. Irresponsabilidad: los fracasados reaccionan defensivamente ante los errores y las críticas, negándolas, encubriéndolas o intentando cargar su responsabilidad a otras personas.

8. Egocentrismo: son personas que solo piensan en sí mismas. No les importan para nada las necesidades de los demás. Buscan su propio interés aunque con ello perjudiquen a otros.

9. Arrogancia, agresividad o prepotencia: se sienten superiores a los demás y creen tener siempre la razón.

10. Falta de confianza: las personas que fracasan desconfían de todo el mundo, incluso les cuesta creer en sí mismas. Viven permanentemente en el miedo.

En definitiva, todos estos rasgos te quitan la paz. Recuerda que tú eres paz, por lo tanto, elimínalos de tu personalidad inmediatamente. Y, sobre todo, aléjate de personas así. Recuerda que:

Somos el promedio de las cinco personas con las que más tiempo pasamos.

Así que elige bien e interactúa con triunfadores inteligentes.

Como decía George Bernard Shaw: " Solo triunfa en el mundo quien se levanta y busca a las circunstancias y las crea si no las encuentra."

7.6
Personas altamente sensibles (PAS)

Ahora que ya sabes qué diferencia a los triunfadores del resto y cómo evitar ser una persona que siempre fracasa, quiero hablarte de un 20% de la población que son personas altamente sensibles (PAS).

Quizás tú también seas una de ellas y no lo sepas o, aunque no lo seas, es probable que te relaciones con alguna ya que una de cada cinco personas lo es. Es por esto, que considero importante que conozcas más a fondo las investigaciones realizadas sobre este tema.

Ser una persona altamente sensible no significa algo negativo sino todo lo contrario: puedes considerarlo un don.

- ¿Crees que reflexionas sobre cualquier cosa más que los demás?
- ¿Te preocupas por los sentimientos de otras personas?
- ¿Tienes preferencia por los ambientes más tranquilos y menos caóticos?
- ¿Vives tu vida de forma muy intensa?

Si te sientes identificado con alguna de estas preguntas, es probable que seas una PAS. Si quieres asegurarte puedes realizar un test gratuito en internet que encontrarás aquí: http://personasaltamentesensibles.com/test-de-sensibilidad/

El término PAS, o "Highly Sensitive People'" lo acuñó la psicóloga Elaine Aron hace más de 15 años en su libro *El don de la sensibildad*.

En mi caso, me di cuenta de que era una PAS gracias a la lectura de ese libro, el cual me dio las respuestas que había estado buscando y me liberó. Me sirvió para comprenderme mejor, entender capítulos de mi pasado y sobre todo dejar de considerarme un "bicho raro" y percibir esa gran sensibilidad como un auténtico regalo. Tienes que saber que los PAS acostumbramos a sentirnos diferentes desde la infancia y, en muchas ocasiones, pensamos que tenemos algo que está mal. A menudo, sufrimos de una baja autoestima por no ser el ideal cultural.

Las personas altamente sensibles utilizan más el hemisferio derecho del cerebro, el intuitivo y su visión del mundo parte directamente desde el corazón.

Son personas que acostumbran a preguntarse sobre el sentido de la vida, tienen más necesidad de soledad, su cuerpo exige atención como un bebé, normalmente son matutinas, perciben mucho más y de forma intensa, lo cual puede causar situaciones emocionales desbordantes y reacciones exageradas. También acostumbran a enamorarse rápidamente y con pasión.

Este tipo de personas son más sensibles a las críticas, lloran con más facilidad y son propensas a sufrir ansiedad, sobre todo si han vivido experiencias negativas en la infancia.

La alta sensibilidad es un rasgo hereditario, lo cual implica que uno de tus progenitores, o ambos, también lo son.

Algunas de las características positivas de este tipo de personas son las siguientes:

1. Son muy intuitivas y les gusta procesarlo todo a un nivel más profundo.

2. Muestran más empatía y se preocupan por los demás. Pueden sentir las emociones ajenas.

3. Son muy creativos.

4. Disfrutan más de su soledad.

5. Sienten con mayor intensidad.

6. Son muy observadores.

7. Acostumbran a ser autoexigentes.

8. Son muy educados y tienen buenos modales.

¿Te animas a dejar fluir tu sensibilidad?

Aunque en general la sociedad no premia a las PAS, en mi opinión se pueden considerar como una nueva generación que abre las puertas a vivir desde el corazón.

Decía Charles Baudelaire:

"No despreciéis la sensibilidad de nadie. La sensibilidad de cada cual es su genio."

7.7

Ley de la intención paradójica

Para terminar este Paso 7, quiero hablarte de una ley que si no tienes en cuenta puede robarte fácilmente la paz.

¿Te ha sucedido alguna vez que tienes una intención clara, emprendes una acción, perseveras y, sin embargo, no consigues lo que te propones sino que te alejas más de tu meta?

Me imagino que lo habrás vivido como nos pasa a todos. Existe una ley que yo denomino "la ley de la intención paradójica" que tienes que tener en cuenta para no perder la calma.

Lo que dice esta ley es que las causas por las cuales sucede lo anterior son las siguientes:

- Estás deseando o necesitas algo con desesperación o urgencia, y esto crea una vibración negativa que te impide manifestar lo que deseas.

- Te obsesionas con lo que aún no tienes.

- Te sientes insatisfecho con lo que tienes o con quién eres. Y esto hace que atraigas más carencia aún.

- Tienes intenciones contradictorias. Por ejemplo: quiero esto, sin embargo tu energía emocional dice: es imposible, no soy capaz, etc. Normalmente las emociones negativas son más fuertes a nivel energético que las positivas.

En cada una de estas situaciones, sin darte cuenta, te estás alejando del cumplimiento de lo que deseas. Esta es la paradoja.

Cuando persigues algo externo a ti que crees que te dará la plenitud o la felicidad te alejas más de esa plenitud o felicidad.

La solución consiste en lo siguiente:

- Renuncia al apego, a la necesidad desesperada de que algo suceda.
- Elimina la creencia "no puedo ser feliz sin esto."
- Persigue las metas para mejorar tu vida ya feliz y no porque vas a sufrir si no las alcanzas.

Date cuenta de que cuando renuncias, no estás renunciando a la meta ni al deseo sino a la desconfianza.

Comparto contigo algunas situaciones en las que he experimentado recientemente esta ley. Por ejemplo, cuando estás en pleno lanzamiento de un nuevo curso o programa online y las ventas no van como esperabas. O cuando esperas una llamada de una persona importante para ti y no te llama, etc.

Para superar la paradoja de esta ley, puedes aplicar alguno de los siguientes principios:

- Reconoce tu capacidad para crear tu propia felicidad sin importar lo que suceda.
- Valora y aprecia más lo que ya tienes y eres. Siéntete satisfecho.

- Recuerda que la vida sabe más que tú y quiere que consigas tus metas.

- Cambia tu intención o motivación en beneficio de los demás. Es importante que tengas una intención pura, no manipuladora, sino genuina y respetuosa.

- Activa la esperanza, excitación, entusiasmo y la convicción en ti. Siéntete merecedor. Relájate. Elige la serenidad del momento presente.

- Practica la paciencia infinita y la aceptación que están en armonía con el destino.

Recuerda que todo sigue su ritmo natural y hay que respetarlo.

Puedes obtener todo lo que deseas si sabes que no lo necesitas para ser feliz.

Presta atención a qué energía estás proyectando. Lo que verdaderamente produce resultados es renunciar verdaderamente a la obsesión, la desesperación y la urgencia.

Si tu principal meta es vivir en paz, con optimismo y confianza, tus otros deseos se cumplirán.

Fácil, ¿no?

PASO 8:
Mi tiempo es mi vida

8.1

El no-tiempo

En este paso voy a hablarte de un tema que para mí es esencial ya que es la base de todo. Se trata de tu relación con el tiempo.

- ¿Sientes que vas todo el día corriendo y te falta tiempo?
- ¿Te cuesta organizar y planificar tu agenda?
- ¿Tienes la sensación de que no llegas a todo?

Si tus respuestas son afirmativas, bienvenido a la trampa de las falsas percepciones sobre el tiempo y los malos hábitos.

En este apartado quiero compartir contigo una idea primordial que ya conoces pero, si te pasa como a mí, es probable que tiendas a olvidarla.

Se trata del concepto del no-tiempo. Dicho de otra forma, la no existencia del tiempo. ¿Sabes a qué me refiero? Fíjate:

**Este instante es el único que existe.
Por lo tanto, siempre es "ahora."**

Cuando uno vive plenamente en el presente como hacen los niños pequeños, es como estar en el no-tiempo. Dejas de ser prisionero del tiempo lineal compuesto de pasado y futuro y pasas a fluir en un estado sin tiempo.

Como dice un proverbio árabe: "Lo pasado ha huido, lo que esperas está ausente, pero el presente es tuyo."

El no-tiempo te libera. El pasado y el futuro te esclavizan. Pregúntate:

- ¿En qué situaciones pierdo la noción del tiempo por completo?
- ¿Cómo me siento cuando vivo en el no-tiempo?
- ¿Con quién comparto momentos de fluir en el ahora permanente? En mi opinión:

Compartir el no-tiempo con otra persona es uno de los mayores placeres que existen.

En mi caso, lo vivo con mi compañero cada fin de semana que no tenemos compromisos. Se trata de olvidarse completamente del reloj, no hacer planes, estar presente cada segundo y dejarnos llevar haciendo lo que realmente sentimos en cada momento. Pruébalo. Es algo realmente mágico. Notarás que entras en otra dimensión, sintiéndote más libre y en paz total. Las prisas, las preocupaciones, los miedos, los juicios, etc. no tienen espacio en el no-tiempo.

Nada importa: solo el fluir del momento.

Nosotros tenemos el hábito de preguntarnos continuamente: ¿estás en el no-tiempo? y así nos ayudamos a estar 100% presentes. Con esta pregunta no dejamos que nuestra mente divague por tiempos pasados ni futuros.

El no-tiempo es la verdad. El tiempo lineal es una realidad aparente, una creencia de la mente limitada.

Date cuenta de que estar en el no-tiempo te aporta paz y plenitud. Por el contrario, vivir siendo esclavo del tiempo lineal provoca ansiedad y, en muchos casos, remordimientos.

William Shakespeare dijo: "Malgasté el tiempo. Ahora el tiempo me malgasta a mí."

Así que déjame preguntarte:

¿Sigues en el no-tiempo?

8.2
Tu doble

Me parece muy interesante la teoría científica sobre el desdoblamiento del tiempo y del espacio de Jean-Pierre Garnier Malet, que por cierto tiene un libro que te recomiendo: *El doble, ¿cómo funciona?*. De hecho, tengo varios amigos que han realizado toda la formación con él y confirman que su metodología realmente funciona.

- ¿Te imaginas poder convertirte en un clarividente y cambiar tu futuro?

- ¿Cómo mejoraría tu vida si aprendieras a conectarte con un "yo atemporal" que lo sabe todo?

Te explico un poco de qué va todo esto resumiendo lo más importante.

Los físicos han demostrado que el tiempo es holográfico. Esto significa que lo que llamamos pasado, presente y futuro coexisten en cada instante. Por otra parte, también se ha demostrado que el Todo está en cada parte y que cada parte contiene al Todo.

Por lo tanto, tú, como parte del Todo, posees toda la información del universo aunque no seas consciente de ello.

Esto nos conduce a concluir que nuestro estado cotidiano de conciencia no es completo sino que estamos fragmentados o nos identificamos solo con una pequeña fracción de lo que somos.

Según el científico David Bohm existen dos niveles de realidad:

1. El orden explicado (el universo que vemos).

2. El orden implicado (que no vemos y donde todo se almacena en ondas de información).

De esto se deduce que una parte de nuestra conciencia se encuentra en un estado implicado (el denominado "doble" o "yo cuántico") y otra en el estado explicado que vivimos diariamente (vamos a llamarlo "yo consciente").

El "doble" o yo cuántico vive todos los tiempos en el mismo instante.

Por ello, Garnier Malet confirma que cuando nos conectamos con nuestro doble, éste puede enviarnos la información más adecuada para cada momento, dado que lo que conoce trasciende el espacio y el tiempo. De esta forma, uno puede tomar las mejores decisiones para construir su destino.

Interesante, ¿no crees?

En mi opinión, lo más útil de todo esto es saber que:

La forma de conectar con tu doble es a través del corazón, es decir con la fuerza emocional de tu "yo consciente."

Así es como funciona: en el presente, con tus pensamientos, sentimientos, deseos y formas de interactuar con el mundo proyectas información que se almacena en el tiempo cuántico (futuro para ti y pasado para tu "yo cuántico"). Esta información se activa al tomar una decisión. Por eso, tu presente crea condiciones para tu futuro, que cuando se presentan tienen que ver con el pasado.

Si quieres cambiar la información a la que tu "doble" o "yo cuántico" puede acceder, tendrás que transformar tu manera de interactuar con el mundo.

Solo eligiendo conscientemente tu forma de pensar, sentir, hablar y actuar serás capaz de proyectar la información que quieres en el orden implicado del "doble" para que se materialice en tu futuro.

Esto es lo que se denomina: "doblar el tiempo."

Dicho de otra forma, cambiando tus percepciones y emociones desde el "yo consciente" estarás cambiando tu línea espacio-tiempo y dejarás de repetir los programas heredados de tus ancestros. Así tu "yo cuántico" podrá materializar una realidad diferente en tu futuro y serás libre de crear lo que deseas.

Recuerda que en cada momento estás construyendo tu futuro.

¿Te animas a invitar al "doble" en tu vida?

8.3

Aún no estoy preparado

El no-tiempo, doblar el tiempo, el "yo cuántico," etc. Parece todo muy complicado, ¿verdad? Vayamos ahora a algo mucho más familiar.

Aún no estoy preparado...

¿Te suena esta frase? Seguro que en alguna ocasión te ha paralizado, haciéndote creer que aún no es el momento de crear la vida que deseas, ¿verdad? Por mi experiencia, sé que esta falsa creencia es uno de nuestros peores saboteadores. Si caes en su trampa, pensarás que necesitas más formación o más experiencia, o lo que sea, para iniciar el cambio de vida que anhelas.

Lánzate y aprende en el camino. Nunca te sentirás preparado para algo nuevo que te da miedo.

Por lo tanto, todo lo que te acerque a tus sueños, hazlo; aunque sientas que todavía no es el momento. Si no es ahora, el único instante que existe ¿cuándo será?

Me acuerdo de una clienta que, al conocerla, ya llevaba meses queriendo emprender su propio proyecto de *mindfulness* y no acababa de arrancar. Había hecho una formación completa de un año, un máster en desarrollo personal, un curso de programación neurolingüística y se estaba planteando más formación porque decía que aún le faltaba preparación. Se comparaba con otras personas que llevaban años haciendo lo que ella quería y, como no se sentía a la altura, estaba paralizada. De esta forma era imposible que iniciara su negocio. La creencia de que aún no era el momento la dominaba.

Una buena preparación y planificación es esencial para cualquier cambio de vida pero llega un momento que hay que pasar a la acción para obtener resultados.

¿Qué cambiaría si estuvieras convencido de lo siguiente?:

Siempre estás preparado para lo que quieres ahora.

Esta es una creencia potenciadora a incorporar en tu *mindset*.

Quizás aún no estés preparado para lo que vendrá en un futuro pero da igual. Cuando llegue, ya lo estarás. Por ejemplo, volviendo al caso de mi clienta que aún no había emprendido su proyecto, ella se preocupaba porque ya se estaba imaginando tener que dar una conferencia masiva y le daba pánico hablar en público.

No dejes que tu mente fantasee porque alimentas un miedo absurdo. Además, ¿quién sabe lo que sucederá en el futuro?

Recuerda que:

Si te identificas con tu personaje, nunca te sentirás preparado. La vida es muy sabia. Nunca te pone en una situación que no puedas afrontar.

Puede ser que te exija dar lo mejor de ti pero esto es un regalo que te ayuda a descubrir recursos que no sabías que tenías.

En mi caso, he estado en situaciones límite en las que estaba convencida de que aún no estaba preparada, que era imposible conseguir lo que me proponía. Y lo he hecho pasando a la acción de manera consciente y enfocando solo en el momento presente sin miedo al futuro.

Querido lector: estás preparado para lo que deseas. Créeme.

Ahora es tu momento. Por eso estás leyendo este libro. Si no, no estarías aquí.

Te dejo con una cita de Víctor Hugo que me inspira mucho:

"El futuro tiene muchos nombres. Para los débiles es lo inalcanzable. Para los temerosos, lo desconocido. Para los valientes es la oportunidad."

El mundo está lleno de nuevas oportunidades para ti. Solo tienes que abrirte a recibirlas.

8.4

Los ladrones de tiempo

¿Ladrones? ¿Y de tiempo? ¡Wow! Hay que ir con mucho cuidado...

Muchas veces, el tiempo se nos escapa de las manos casi sin darnos cuenta. Pasan días, semanas, meses e incluso años cada vez de forma más veloz. Dicen que cuando uno se hace mayor ocurre esto: el tiempo vuela!

También se dice que cuando uno está bien y es feliz, el tiempo transcurre más deprisa. Hay una cita muy inspiradora de Ralph W. Emerson que dice:

"Grabad esto en vuestros corazones: cada día es el mejor del año."

Recuerda esta frase tan esencial y sabia.

En mi caso, desde muy joven fui plenamente consciente del paso del tiempo y de su enorme valor. Y a día de hoy continua siendo lo que más valoro. La verdad es que selecciono con mucho cuidado qué hago con mi tiempo y con quién lo comparto.

La vida es tan corta y hay tanto que vivir, ¿verdad?

Charles Darwin opinaba que "Un hombre que se permite malgastar una hora de su tiempo no ha descubierto el valor de la vida."

Cuando uno quiere abarcar mucho, tiene varios frentes abiertos y además pretende hacerlo todo a la perfección, es normal que sienta que le faltan horas. Todos disponemos de 24 horas al día y esto no podemos cambiarlo. Por lo tanto, la solución consiste en aprender a sacar el máximo provecho de cada minuto, ¿no crees?

Es falso que nos falte tiempo. Lo que sucede es que lo malgastamos.

El primer paso para ser más productivo es identificar los ladrones de tu tiempo. Estos no son nada más que hábitos improductivos, tareas insignificantes y, algunas veces, personas tóxicas que no te llevan a ningún lugar.

Igual ya conoces uno de los mensajes más conocidos de Steve Jobs: "Tu tiempo es limitado así que no lo malgastes viviendo la vida de otro. Vive tu propia vida. Todo lo demás es secundario."

Empieza a eliminar de tu vida todo lo que te desvíe de tus objetivos.

Te voy a poner algunos ejemplos comunes para que puedas identificar qué o quién te está robando tu preciado tiempo:

- Ver mucha televisión: programas basura, series, futbol, noticias, etc.
- Dedicar mucho tiempo a leer periódicos y revistas.

- Navegar por internet sin poner límite de tiempo ni tener un objetivo específico.

- Estar pendiente continuamente del móvil, what's up, etc.

- Pasar mucho tiempo conectado a las redes sociales.

- No saber decir que "no" cuando te piden algo que no quieres hacer.

- El hábito, más bien diría adicción, de procrastinar tareas que deseas realizar.

- Levantarte muy tarde.

- Rodearte de personas negativas, victimistas, apáticas, desmotivadas, etc.

- Tener mucha vida social por compromiso.

- Cotillear, seguir a **celebrities** y a personas mediáticas.

- Tener tu mesa de trabajo desordenada.

- Acumular papeles y archivos innecesarios.

- Etc.

Seguramente hay muchos más que ahora no recuerdo. Lo importante es que seas consciente de cuáles son los ladrones de tu tiempo y los despidas de tu vida.

Haz una lista y cuélgala en algún lugar visible para recordarlos en todo momento. No permitas que nada ni nadie te robe un minuto.

¿Cuántas horas vas a ganar eliminando los ladrones de tu tiempo?

8.5
Calidad versus cantidad

Imagínate una situación hipotética en la que te dieran a elegir entre lo siguiente:

- Una hora más de tiempo de calidad, por ejemplo compartiéndola con personas que amas de verdad o haciendo algo que te apasiona mucho.

- Cinco horas más de tiempo pero de menos calidad, por ejemplo compartiéndolas con personas que no te interesan demasiado o haciendo algo que te distrae pero tampoco te entusiasma.

¿Qué elegirías?

Si eres como yo, está claro que escogerías la primera opción. Para mí, lo más importante en cuestión de tiempo es la calidad. ¿Y para ti?

Aunque la mayoría de personas responden lo mismo, pregúntate: realmente ¿qué porcentaje de tu tiempo es de calidad?

El tiempo de calidad consiste en disfrutar tanto que pierdes la noción del tiempo.

Hace unos meses leí un libro que me impactó por su profundidad y quiero compartir contigo algunas de sus ideas. Se trata de *Una llamada al amor* de Anthony de Mello.

De Mello comparaba los sentimientos y experiencias en diversas situaciones cotidianas y pedía al lector que se diese cuenta de la diferencia entre ellas. Por ejemplo, fíjate en qué sientes cuando alguien te elogia, te ves admirado, aprobado, aceptado y aplaudido y compáralo con tu sentimiento cuando contemplas una salida o puesta de sol, o la naturaleza en general, o cuando lees un libro que te engancha o una película que te inspira de verdad.

¿Ves la diferencia?

Otro ejemplo: compara lo que sientes cuando obtienes un éxito, ganas una partida, una discusión, una apuesta o consigues algo que anhelabas con fuerza, con la experiencia de disfrutar realmente con tu trabajo dejándote absorber por completo o de compartir unos momentos de intimidad y compañerismo con amigos o personas queridas.

Unas son experiencias más mundanas y las otras anímicas. Las primeras te esclavizan porque dependen de otras personas, o de lo que suceda, mientras que las segundas te liberan, ocurren de forma natural.

El tiempo de calidad te llena el alma.

Te voy a contar lo que a mí me ayuda a ser mucho más creativa y por lo tanto, a conseguir más. Cuando lo descubrí y lo puse en práctica, mejoró la calidad de mi vida de forma considerable. No es ningún secreto pero quiero compartirlo contigo.

Recuerdo que hace años estaba convencida de que cuantas más horas dedicaba a mi proyecto (por no definirlo como trabajo ya que cuando uno hace lo que ama, siente que es un gozo y no un empleo), más resultados alcanzaría. Y como me apasiona tanto lo que hago, no me daba cuenta y me pasaba horas y horas enganchada al ordenador. Acababa agotada tanto mental como físicamente.

Mi creencia entonces era la siguiente:

Más horas y dedicación a mi empresa >> más resultados

Hasta que me di cuenta de que no se trataba de la cantidad de horas sino de su calidad. Si me permitía más tiempo libre para desconectar, hacer cosas diversas que no tenían nada que ver con mi negocio, pasar más tiempo con las personas que amo, etc., conseguía mucho más.

Ahora mi creencia es:

Menos horas y de más calidad para mi empresa >> más satisfacción y resultados.

Y sucede que mi mente está más serena, por lo tanto es mucho más creativa y resolutiva.

La inspiración llega cuando menos la esperas y normalmente es cuando uno está disfrutando y en paz.

Piensa esto por un momento: si te pasas todo el día trabajando sin parar no es que seas más productivo sino que acabas exhausto. Y de esta forma es muy difícil que se te ocurran nuevas ideas para progresar, o que seas capaz de crear más proyectos de forma rápida.

La fórmula es simple:

Menos horas y de más calidad en el trabajo >> Más diversión y serenidad >> Más creatividad >> Más ingresos

Resérvate más tiempo de calidad para ti y empezarás a ver milagros en tu vida.

¿En qué consiste tu tiempo de calidad?

8.6
La solución definitiva

¿Sabes a cuál me refiero? La fórmula para aprovechar tu tiempo al máximo es la siguiente:

Planifica, planifica y planifica.

Nada se consigue sin un plan. Necesitas un plan para todo.

Si no tienes tu propio plan, es muy probable que vivas el plan de otros (sin darte cuenta).

Cuando digo de "otros" me refiero a pareja, hijos, padres, el gobierno, la sociedad, vecinos, amigos, etc.

Es un pena perder la oportunidad de liderar tu vida por no planificar con consciencia.

Por lo tanto, es sumamente importante que tengas clara tu visión a un año, a tres años y si es posible a cinco años. Pregúntate: ¿Cómo quieres vivir?

¿Cuál es tu estilo de vida ideal? ¿Cuántas horas quieres trabajar? ¿Cuánto quieres facturar? ¿Con qué personas quieres colaborar? ¿Cuál será tu equipo?, etc.

Ponlo todo por escrito.

Escribiendo tu visión y objetivos, empiezas a materializarlos.

Una vez tengas clara la visión de tu vida, tanto personal como profesional, por ejemplo a un año, entonces puedes determinar tus objetivos anuales. En mi caso cada inicio de año defino cinco retos profesionales y cinco personales.

Los objetivos tienen que estar bien formulados, es decir, que sean específicos, medibles, desafiantes, alcanzables, ecológicos, orientados a resultados con una fecha determinada y que dependan de ti.

Una vez decididos los objetivos anuales, los desgloso en objetivos mensuales y utilizo el mismo procedimiento para organizar cada semana y cada día. El proceso es el siguiente:

Visión a un año >> Objetivos anuales >> Objetivos mensuales >> Objetivos semanales

La idea es tener un plan por escrito (es básico que esté por escrito) para cada día, cada semana, cada mes y cada año. Tan fácil como esto.

Puedes utilizar un calendario que te permita compartir el plan con tus colaboradores. Y si además, imprimes tu plan anual y lo pones en algún lugar visible es muy probable que no pierdas el foco.

Recuerda que tu tiempo es tu vida.

Otro hábito que me sirve mucho es hacer una lista de tareas pendientes y luego clasificarlas según el orden de prioridad, urgencia y el tiempo que necesito para terminarlas. En mi caso, utilizo una hoja de excel con varias prioridades (A: muy importante, B: importante y C: poco importante), dos niveles de urgencia (1: muy urgente y 2: poco urgente) y además varios colores para diferenciar en qué estado se encuentra cada tarea (verde: realizada, naranja: en curso y rojo: no empezada). Para mí es una herramienta básica que actualizo a diario.

La clave está en:

Decidir antes de empezar el día en qué te vas a enfocar.

Por supuesto que los planes tienen que ser siempre flexibles y tener en cuenta posibles imprevistos, interrupciones o adversidades. En mi caso, cada inicio de mes reviso el plan mensual y anual.

Actualiza tu plan adaptándolo a las necesidades del momento.

Por último, sé íntegro poniendo tiempo y energía en aquello que más valoras. Es absurdo, como hemos visto antes, perder tiempo en actividades que no te conducen a tus sueños.

¿Cuál es tu plan para hoy?

8.7

Cada día es un auténtico milagro

Tu vida es un milagro. Hoy estamos aquí y mañana ¿quién sabe? Tendemos a pensar que vamos a vivir muchos años, lo asumimos como una garantía y así nos olvidamos del regalo que nos da la vida con cada nuevo día.

Como decía Einstein:

"Solo hay dos formas de ver la vida: una es creer que no existen los milagros y la otra es creer que todo es un milagro."

Yo elijo la segunda opción. ¿Cuál es la tuya?

Uno de mis poetas favoritos, Walt Whitman escribía: "Coged las rosas mientras podáis / veloz el tiempo vuela. La misma flor que hoy admiráis, mañana estará muerta..."

Qué importante es dar valor a cada segundo, ¿verdad? El tiempo es oro,

¿cuántas veces lo hemos escuchado y, sin embargo, lo olvidamos en nuestro día a día? Uno puede perder ocasionalmente dinero, amistades, un trabajo, una pareja, una casa, etc. pero siempre lo acaba recuperando (te lo digo por propia experiencia). Lo que se va, vuelve. Excepto el tiempo.

El tiempo es lo único que no se recupera ni tampoco se puede comprar con dinero.

Aquí reside su gran valor.

Elige cómo vivir tu tiempo, es decir, cada día de tu vida. Sé integro y pon tu energía solo en tus prioridades y no en tus supuestas obligaciones. No pierdas ni un segundo en lo que no te importa. Si estás en un trabajo que no te satisface, sé proactivo para cambiarlo. Si la relación que tienes no te llena, sé valiente para dejarla. Si no te gusta donde vives, busca otro lugar.

Sé que es fácil decirlo. Otra cosa es hacerlo. Pero date cuenta de que cada segundo cuenta. El cronómetro no se para.

Siempre he pensado que lo peor que le puede suceder a una persona es llegar al final de sus días y arrepentirse por no haber aprovechado la vida al máximo, por no haber vivido intensamente ni haber hecho todo lo que quería.

No dejes que esto te pase a ti.

También es esencial recordar que existe un ritmo natural de las cosas que hay que respetar. Con esto me refiero a que por más que corras y te estreses, si algo no tiene que suceder, no pasará. El control es una ilusión. La Naturaleza es quien manda.

Agradece el milagro de estar vivo aquí y ahora.

Te recomiendo que leas entero el poema de Walt Whitman "No te detengas" que empieza así:

"No dejes que termine el día sin haber crecido un poco, sin haber sido feliz, sin haber aumentado tus sueños. No te dejes vencer por el desaliento.

No permitas que nadie te quite el derecho a expresarte, que es casi un deber.

No abandones las ansias de hacer de tu vida algo extraordinario.

No dejes de creer que las palabras y las poesías sí pueden cambiar el mundo.

Pase lo que pase nuestra esencia está intacta. Somos seres llenos de pasión.

La vida es desierto y oasis. Nos derriba, nos lastima, nos enseña, nos convierte en protagonistas de nuestra propia historia..."

PASO 9:
Amo el dinero y la abundancia

9.1
¿Qué es la abundancia?

¡Enhorabuena! Estás ya a un 90% de convertirte en tu mejor aliado. En este paso nos vamos a centrar en cómo pasar de una mentalidad de escasez a una de abundancia ilimitada. ¿Te sumas al reto?

¿Qué es la abundancia para ti?

Muchas personas definen la abundancia solo en términos de dinero, acciones, inversiones o de los bienes materiales que poseen. Y aunque la situación financiera es muy importante, no lo es todo. Para mí, un concepto es la riqueza (cantidad de recursos que uno posee en un momento determinado) y otro la abundancia. Una cosa es "tener" dinero y la otra es "ser" abundante.

La riqueza es temporal. La abundancia es permanente.

El dinero lo puedes perder mientras que el estado mental abundante lo creas tú en todo momento.

Wayne Dyer, uno de mis autores preferidos fallecido recientemente afirmaba que: "La abundancia no es algo que adquirimos, es algo con lo que nos conectamos."

¡Qué gran verdad!

Fíjate en que la abundancia es un estado de conciencia interior. Se trata de un término mucho más amplio que incluye todo tipo de abundancia: espiritual, mental, emocional y material.

Ser abundante solo depende de tu mentalidad y no de tu realidad exterior.

Esto explica por qué hay personas que poseen mucho dinero y sin embargo interiormente se sienten pobres. Y al revés, otras se consideran prósperas teniendo mucho menos. Por más dinero que uno posea, si sigue creyendo en la escasez y en el principio que lo que uno gana el otro lo pierde, sufrirá el miedo a perder y nunca se sentirá abundante.

Conozco a personas que tienen mucho dinero y no lo gastan ni lo invierten, lo guardan. Esto es lo peor que uno puede hacer. Aferrarse al dinero como si fuera una salvación te convierte en un esclavo. Actuar así hace que nunca tengas suficiente y te causa sufrimiento.

El dinero es energía que debe circular y estar en continuo movimiento.

Las personas prósperas confían plenamente en su capacidad de generar riqueza. Es mejor tener una mentalidad de abundancia que no poseer mucho dinero, ¿te das cuenta?

La abundancia es confianza. Es creer en ti.

Para mí, una definición más completa de abundancia es la siguiente:

Ser abundante significa disponer de todo aquello que necesitas en cualquier momento.

No hace falta tener mucho, solo lo que precisas. Esto incluye: salud, amor, trabajo, dinero, tiempo libre, amistades, entusiasmo, alegría, éxito, etc. Puedes incluir todo lo que quieras en esta lista.

Si no posees algo que quieres, es porque en realidad no lo necesitas.

Te sugiero dejar de definir la abundancia únicamente en términos financieros y materiales. Haz una lista de todo lo que te hace sentir próspero en la vida y descubrirás que el dinero es una pequeña parte.

Tu verdadera riqueza está en tu interior.

Pregúntate: ¿Del 0 al 10 a qué nivel de abundancia estoy viviendo mi vida?

Para medirlo, fíjate en tu grado de satisfacción diario. Si te sientes feliz y disfrutas de cada día, significa que eres abundante. Y al contrario, si vas corriendo todo el día preocupado, con estrés apagando fuegos y sintiendo ansiedad, etc. es porque tu mente aún cree en la escasez.

Por último, date cuenta de que tú eres la abundancia. Tú lo eres todo.

9.2

Creencias heredadas

No es ningún secreto que tu relación con el dinero y la abundancia depende mucho de lo que viviste en la infancia.

Seguramente en algún momento aprendiste alguna de estas falsas ideas:

- Para que tú ganes, otro tiene que perder.
- El dinero no cae de los árboles y cuesta mucho de ganar.
- Hay que sacrificarse mucho para tener dinero.
- Los ricos son malas personas.
- No puedes tenerlo todo en la vida.
- El dinero no da la felicidad.
- No me interesa el dinero.
- El dinero es sucio.
- Etc.

¿Qué creencias necesitas cambiar para ser más abundante?

Cada uno de nosotros heredamos patrones mentales de nuestros padres y ancestros que nos condicionan sin darnos cuenta.

Las creencias inconscientes son las que nos privan de disfrutar de nuestra abundancia natural.

Por ejemplo, tengo una amiga que cuando era pequeña, su madre siempre le decía que el dinero no se tocaba y cada vez que lo hacía tenía que lavarse las manos. Mi amiga aprendió que el dinero era algo sucio. De mayor, tuvo muchos problemas económicos ya que sin darse cuenta, todo lo que ingresaba lo gastaba. Era incapaz de retenerlo porque en su inconsciente eso representaba algo malo y sucio. Mi amiga tuvo que hacer un gran trabajo de cambio de creencias para conseguir sanar su relación con el dinero y solucionar su situación financiera. Utilizó el *coaching*, la PNL (Programación Neurolingüística), el psych-k, la hipnosis e infinidad de técnicas más hasta que lo consiguió.

En mi caso, tuve la suerte de vivir en una familia acomodada con un padre muy emprendedor, ambicioso y amante del dinero. Aprendí que el dinero es muy importante, que sin él, nada se puede hacer en la vida pero que cuesta mucho de ganar. Mi padre se pasaba todo el día trabajando desde las seis de la mañana hasta las nueve de la noche. Para él, que procede de una familia muy humilde, ganar dinero era su enfoque prioritario. Su definición de abundancia era solo material y se conseguía a base de mucho sacrificio.

Aprendí que el dinero era lo fundamental y tengo que reconocer que me pasé los primeros treinta y tres años de mi vida trabajando excesivamente para ganar dinero. Esta era mi mayor motivación. Cuanto más ganaba, más quería. Era pura ambición. De hecho, medía mi valor en relación a mi sueldo. Y nunca era suficiente.

Llegó un momento que entendí que algo fallaba. Disfrutaba de una situación muy privilegiada con un alto poder adquisitivo pudiéndome permitir todos los lujos que quería y, sin embargo, me sentía vacía.

Fue entonces cuando empecé a cambiar mis creencias en relación al dinero y la abundancia. Me di cuenta de que en realidad:

El dinero y las posesiones materiales no te llenan si no sientes la abundancia en tu interior.

Por más que ganes, nunca tendrás suficiente si no confías en tu capacidad de seguir generando riqueza. Por más que tengas, no aumentará tu felicidad si no te sientes satisfecho de ser quien eres.

Te dejo una cita de Wayne Dyer que resume muy bien este tema:

"Cuando persigo el dinero nunca tengo lo suficiente. Cuando mi vida está concentrada en un propósito y en dar lo mejor de mí me vuelvo próspero."

¡Da lo mejor de ti y serás abundante!

9.3

Creencias abundantes

Hace unos meses fui a una conferencia sobre abundancia de mi amiga y *coach*, María Tolmo[7] organizada por Extraordinarias, proyecto para mujeres emprendedoras que me gustaría que conocieras. María mencionó una creencia potenciadora que a ella la ha ayudado a cambiar radicalmente su forma de relacionarse con el dinero:

"Me amo y me abro a la abundancia."

Esta idea me hizo pensar y por eso he querido escribir un capítulo acerca de ella. Fíjate que relacionar el amor con la abundancia es lo más inteligente que puedes hacer. ¿Por qué? Porque si uno se ama de verdad, recibe todo lo que necesita en cada momento.

Dicho de otra forma, cuando te amas, dejas de obstruir el fluir natural de prosperidad que te pertenece.

Para mí, amor y abundancia son lo mismo.

En realidad, fíjate:

---

7 http://www.mariatolmo.com/ **Encontrarás más información en** http://www.extraordinarias.es/.

La única escasez es la del amor.

De hecho, pienso que si las personas tienen problemas de dinero −ya sabes que los problemas no existen sino que son una falsa percepción− es porque en el fondo no se aman. Amarse es valorar quien tú eres y lo que ofreces al mundo, sea lo que sea.

El valor es relativo, depende de ti.

Tú eres quien otorga valor a lo que das. Nadie lo valorará si tú no lo haces primero.

A muchas personas les cuesta poner un precio a lo que ofrecen al mundo y así se limitan mucho. Te aseguro que, si tú crees realmente en lo que das, pongas el precio que pongas siempre dentro de unos límites razonables y honestos, tendrás clientes que te comprarán.

Enfócate en dar valor.

Te das aquello que crees merecer, ni más ni menos.

Tú eres la única persona que te puedes privar de algo. Si no estás recibiendo lo que deseas es porque tú no te lo permites consciente o inconscientemente. Siéntete merecedor de recibir todo lo que anhelas. El universo, la vida, Dios, la inteligencia universal (ponle la palabra que quieras), está esperando a que te abras a recibir lo que mereces.

Así que a partir de hoy empieza a reprogramarte con esta creencia potenciadora: "Me amo y me abro a la abundancia." También puedes utilizar otras como:

- Merezco lo mejor.
- Yo soy la abundancia que deseo.
- Tengo una mentalidad próspera y rica.
- Admiro a las personas ricas.
- Doy con generosidad.
- El dinero es libertad y tranquilidad.
- Recibo abundancia haciendo lo que me gusta.
- Ofrezco valor a los demás.
- La riqueza es importante.
- Etc.

¡No te conformes con vivir una vida de escasez! Ben Sweetland, autor de *Hazte rico mientras duermes* explica:

"El mundo está lleno de abundancia y oportunidades, pero muchas personas llegan a la fuente de la vida con una cuchara en vez de una pala. Esperan poco y como resultado reciben poco."

Visualízate como una persona abundante. Y disfruta de ser quien eres.

9.4

Los 20 hábitos para ser abundante

Ahora que ya sabes qué es en realidad la abundancia, has identificado tus creencias heredadas y estás cambiando tus patrones mentales, es momento de compartir contigo los 20 hábitos a incorporar en tu día a día para conectarte con la fuente de abundancia.

Ser abundante es una cuestión de hábitos.

Ya sabes que en la vida, todo depende de tus hábitos diarios. Elige los que aún no hayas integrado para vivir como te mereces:

1. Vive desde el amor y no desde el miedo. Esto implica tomar decisiones que te hagan salir de la zona de confort confiando en ti y en la vida.

2. Sé íntegro. No existe peor enemigo que la incoherencia con tus valores prioritarios.

3. Practica la gratitud por todo y agradece cada nuevo día.

4. Potencia la positividad. Date cuenta de que todo está bien y es exactamente tal y como tiene que ser, aunque no lo percibas así.

5. Enfócate en lo que ya eres más que en lo que tienes.

6. Da lo que quieres recibir a los demás. Todo lo que no das, te lo quitas.

7. Siente que eres parte de la Naturaleza. Contempla su abundancia natural.

8. Ordena y limpia tu espacio para que la energía fluya. Haz una limpieza de todo lo que no utilizas. Simplifica.

9. Desafíate a ti mismo para ser mejor.

10. Espera lo mejor de la vida, ponte expectativas altas.

11. Valora tu riqueza actual y céntrate en crear más (desvía el foco de las facturas y deudas).

12. Mantén siempre la calma y la paz, pase lo que pase.

13. Amplía tus contactos. Relaciónate con personas ambiciosas y emprendedoras.

14. Rodéate solo de personas abundantes y ricas. Elimina de tu vida o interactúa menos con las que tengan una mentalidad de escasez.

15. Ponte al servicio de la vida (ponle el nombre que quieras). Estás aquí para aportar tu valor.

16. Aprende nuevas cosas y dedica tiempo a tu desarrollo personal.

17. Actúa como si ya fueras rico. Permítete pensar como un rico.

18. Ahorra el 10% de tus ingresos mensuales y crea un "colchón" para estar tranquilo.

19. Crea múltiples fuentes de ingresos y establece sistemas que te den ingresos pasivos.

20. Sé más creativo y muéstrate al mundo tal y como eres.

Te propongo un ejercicio de autoevaluación: puntúa del 0 al 10 a qué nivel tienes ya incorporado cada uno de estos hábitos en tu vida.

¿En qué nuevo hábito abundante vas a centrarte a partir de ahora? Te sugiero lo siguiente:

En lugar de enfocarte en ganar dinero, céntrate en ser abundante y el dinero llegará.

Como dice mi gran amigo y excelente *coach*, Raimon Samsó: "Divertirte y ganar dinero es posible." Te lo garantizo porque lo vivo. Por cierto, te recomiendo su libro *El Código del Dinero* si todavía no lo has leído.

9.5
Tu relación con el dinero

¿Te has preguntado alguna vez:

- ¿Qué es el dinero para ti?
- ¿Con qué lo asocias?
- ¿Qué relación tienes con él?
- ¿Lo amas o lo temes?
- ¿Lo valoras o crees que no es importante?
- ¿Te lo gastas o te lo guardas?

En definitiva, ¿eres amigo o enemigo del dinero?

Cada persona tiene una relación distinta. Algunos se endeudan y gastan excesivamente sin valorarlo, otros al contrario, lo guardan y ahorran por miedo a perderlo. Hay quienes tienen un control exacto de sus finanzas mensuales, otros no tienen ni idea. Existen personas que nunca tienen suficiente y otras que siempre disponen de más de lo que necesitan. Algunos invierten su dinero para que trabaje para ellos, otros trabajan para ganarse el sueldo a final de mes.

Muchas personas dicen tener problemas de dinero y otras lo ven como un juego.

En mi caso, recuerdo que en mi pasado era algo que me preocupaba, nunca tenía suficiente, temía quedarme sin recursos y controlaba mucho lo que gastaba. En cambio, ahora, lo veo más como un juego de *monopoly*.

Solo podrás cambiar tu relación con el dinero si cambias tus creencias sobre él.

El dinero en realidad no es nada, es simplemente un medio de intercambio. No es ni bueno ni malo, sino neutro. Es energía, como todo. Hay muchas personas que piensan que si tuvieran más dinero, cambiarían y esto les asusta. Sin embargo, está demostrado que el dinero no te cambia.

El dinero lo único que hace es permitirte ser más tú.

Por ejemplo, si eres una persona generosa, con más dinero, aún lo serás más. Y si eres avara, pues lo seguirás siendo.

Para mí, el dinero es sobre todo libertad. Y como la libertad es uno de mis valores prioritarios, le doy mucha importancia. Disponer de recursos suficientes para vivir la vida que deseas te aporta tranquilidad y satisfacción personal.

Aunque el dinero no da la felicidad, la facilita, ¿no crees?

En algún momento de mi pasado, cuando trabajaba en banca de inversión y llegué a un punto de inflexión en mi vida en el que me replanteé qué era importante para mí, pensé que darle tanto valor a la riqueza era ser muy materialista y superficial. Entonces juzgaba negativamente a las personas que eran así. Sin embargo, después entendí que esto era una chorrada y que todo depende de cómo inviertas tu dinero.

Ahora cuanto más gano, más crece mi empresa y mayor impacto puedo crear.

Por lo tanto, el dinero me permite ayudar a más personas.

Gracias a esta perspectiva, me relaciono con él desde el amor. Lo veo como algo maravilloso y útil para ser más yo. Por eso, quiero más. Y no me siento culpable por ello ni lo juzgo como algo malo.

Pregúntate: ¿Si el dinero pudiera hablar qué diría de ti?

Si quieres saberlo te sugiero realizar el siguiente ejercicio: utiliza la escritura automática, es decir, espontánea y sin pensar para escribirte una carta como si fueras el mismo dinero hablándote a ti. ¿Cuál sería el tono? ¿Y las palabras? ¿Qué crees que te pediría? ¿Te agradecería tu actitud en relación a él o lo contrario? ¿Te escribiría como un amigo o un enemigo?

Honra al dinero. Demuéstrale que lo respetas y valoras (como si fuera una persona).

Hazte amante de él y verás el resultado.

9.6
¿Miedo a perder la seguridad económica?

La seguridad económica no procede de un sueldo a final de mes sino de tu capacidad de generar abundancia. ¿Lo sabías?

Tú eres la estabilidad que quieres. Todo cambia. No hay nada seguro en este mundo: ni tu trabajo, ni tu salud, ni la pareja, ni tu situación financiera, ni tus hijos, etc. La vida te puede sorprender en cualquier momento y quitarte lo que más quieres. Por lo tanto, no te apegues a nada.

La única seguridad que existe eres tú.

En mi consulta de *coaching* y *mentoring* me he encontrado con muchas personas que deciden pasar a ser emprendedoras y lo que más les preocupa es perder la seguridad económica.

De hecho, yo misma sufrí esta situación cuando renuncié a la aparente seguridad de un trabajo por cuenta ajena y salté al vacío sin ninguna garantía. Recuerdo que lo que más me aterraba era no ser capaz de ganarme bien la vida.

Preguntas como las siguientes me paralizaban:

- ¿Qué va a suceder con mi carrera?
- ¿Cómo me voy a ganar la vida?
- ¿Y si fracaso y no puedo pagar las facturas?
- ¿Y si me arrepiento del cambio?
- ¿Y si lo pierdo todo?

Mucho ha llovido desde entonces.

Ahora sé que la vida no hay que ganarla sino disfrutarla.

Epicuro decía que:

"No es lo que tenemos sino lo que disfrutamos lo que constituye nuestra abundancia."

Por mi experiencia, si las cosas se hacen bien, no se pierde nada. Por supuesto hay que llevar a cabo una buena planificación financiera y tener en cuenta que el éxito requiere su tiempo. Con esto me refiero a que tienes que ser previsor y disponer de recursos suficientes para vivir seis meses sin ingresar, como mínimo. Tienes varias opciones:

- Ahorrar lo suficiente antes de dejar tu trabajo estable (esto es lo que yo hice).
- Pedir una reducción de jornada para disponer de tiempo para iniciar tu negocio.
- Compaginar tu trabajo actual con emprender.
- Pedir ayuda y apoyo económico a familiares y/o amigos. Te recomiendo no endeudarte con bancos.

Piensa que si siempre te has ganado la vida con un sueldo, también te la ganarás con tu propio negocio. Te costará más o menos, pero lo harás.

Si te estás planteando dejar tu trabajo estable para emprender tu propio negocio y te cuesta dar el salto, te sugiero hacerte otro tipo de preguntas como:

- ¿Y si es la mejor decisión de mi vida?
- ¿Y si consigo el éxito que deseo?
- ¿Y si descubro recursos que no sabía que tenía?
- ¿Y si aparecen personas que me ayudan?
- ¿Y si este cambio me conduce a mi plenitud?

El dinero va y viene. Si tienes una mentalidad abundante, el dinero no te puede faltar.

Tu capacidad de generar abundancia y no el dinero en sí, es lo que te da seguridad.

Está claro que emprender y vivir de tu empresa representa dedicarle esfuerzo, energía, nuevos aprendizajes, tiempo e implica asumir mayores riesgos y responsabilidades que trabajando para otros. Sin embargo,

La única forma de ser libre financieramente es creando un negocio que trabaje para ti.

Es todo una cuestión de valores y prioridades. Hay muchas personas a las que les gustaría tener un estilo de vida libre y dedicarse a lo que aman, pero no están dispuestas a pagar el precio para conseguirlo. La vida es justa. Todo tiene un coste.

En resumen, si tu miedo es perder la seguridad económica tienes que saber que es un miedo ficticio porque la seguridad no existe. Eres tú.

Confía en que harás lo que haga falta para recibir lo que anhelas.

9.7

El secreto para recibir más

Hemos llegado al último punto de este paso 9 en relación a la abundancia y el dinero. Lo único que me queda por compartir contigo es el secreto para recibir más.

A estas alturas del libro, ya lo conoces ¿verdad?

¿Quieres recibir más dinero?

Da más. Aporta más valor a los demás. Cambia tu enfoque del "yo" a "los demás." Olvídate de ti para servir a los demás y la vida te servirá a ti. Sé más creativo. Desnúdate más mostrando tus talentos. Cree en ti.

En definitiva, comparte tu grandiosidad con el mundo. La fórmula es simple:

+ Autenticidad = + creatividad = + valor = + dinero

Y, sobre todo, valora aquello en lo que crees. El valor lo pones tú. Acuérdate de que nadie podrá valorar lo que tú ofreces si antes no lo valoras tú.

Lee atentamente estas dos frases:

Se te da todo aquello que tú eres capaz de dar. Lo que no das, te lo quitas.

No puedes recibir algo que tú no des. De hecho, solo dando lo que consideras valioso lo conservas en ti. Esta es la paradoja. Tu "falso yo" te dirá todo lo contrario. Percibirá que lo que das, lo pierdes.

El dinero es el reflejo del valor que tú das.

Ayuda a otros a recibir más dinero y automáticamente lo recibirás tú. Esta es la forma más fácil y rápida que conozco.

Piensa por un momento: ¿Cómo puedes dar más valor a los demás? ¿Qué más les puedes aportar? ¿Qué es lo que tú quieres recibir?

Da lo que quieras recibir.

Contempla a la Naturaleza, los árboles, las flores, las estrellas, los pájaros, los ríos, los campos, las montañas, las hormigas, etc. Fíjate en su propia abundancia que refleja la tuya. Eres parte de esa infinita abundancia.

Y por último, no te olvides de expresar continuamente tu gratitud por todo lo que ya tienes. Agradece la abundancia que ya existe en tu vida. Cuanto más agradezcas, más te abres a recibir.

Anthony Robbins, el **coach** más reconocido internacionalmente dice:

"Cuando sientes gratitud el miedo desaparece y la abundancia aparece."

PASO 10:

Aprendo el poder ilimitado del amor

10.1
Tu capacidad de amar

Hemos llegado al último paso para superar todas tus barreras mentales y creer en ti sin límites. Imagínate de qué serás capaz y cómo cambiará tu vida cuando ya no dudes más de ti. Interiorizando esta nueva mentalidad que has ido aprendiendo a lo largo de este libro, serás totalmente invencible.

Y este último paso te va a encantar. Es el más importante.

Lee con atención la siguiente declaración porque si la comprendes bien, todo será mucho más fácil para ti:

Tu mayor poder es tu capacidad de amar.

Cuanto más aprendas a amar, más poder tendrás. Cuando hablo de "poder" me refiero a ser capaz de actuar con consciencia, liderar tu propia vida y materializar lo que deseas. Ya sabemos que sin acción, nada sucede.

Con el amor, activas tu capacidad de actuar y dejas de reaccionar según la programación inconsciente.

Nacemos amando sin condiciones, sin esperar nada a cambio. Pero a medida que crecemos, el ego o "falso yo" se entromete y olvidamos que tenemos esa capacidad. Y llega un momento en el que el egoísmo es el modus operante de nuestra vida. Dicho en otras palabras, vivimos desde el miedo y la separación preocupados por los aparentes problemas del "yo." Y esto crea parálisis.

Un Curso de Milagros (UCDM) nos recuerda que la mente solo puede servir a un amo: al miedo o al amor. Tú eliges en cada momento.

Muchas veces, hablamos del amor confundiendo este término con fantasías románticas o falsas ilusiones.

Déjame preguntarte lo siguiente: ¿Sabes realmente qué implica amar de verdad?

Amar es reconocerse en el otro, sentir la unidad que somos.

Ver a los demás como parte de la gran familia humana que somos. Amar es aceptarlo todo sin condiciones, es dar de forma desinteresada por el simple placer de dar. Cuando uno ama de verdad, se olvida del "yo neurótico" que está obsesionado con "sus problemas."

El amor es para una persona como el agua para una flor, nos nutre y nos hace florecer.

Todos necesitamos amar y ser amados. En realidad, estamos aquí para esto. Cuando uno se percata de que su mayor propósito en la vida es aprender a amar, todo cambia. Date cuenta de que en el fondo, es lo único que quieres.

Y solo sentirás amor, cuando lo des. Sientes lo que extiendes.

Por eso, tu capacidad de amar es tu mayor poder. Sin ella, no puedes conseguir lo que necesitas para florecer.

El amor te impulsa a volar en libertad.

Es la energía más poderosa, capaz de transformarlo todo. Cuando haya algo en tu vida que no aceptes, ponle amor y verás la magia de su efecto. Ámalo todo: a ti, a los demás, a tus circunstancias, a tu vida, a todo lo que sucede en cada momento y te sorprenderás de la inmediata metamorfosis.

Si quieres cambiar algo que no te gusta, ámalo.

Ponle corazón a todo lo que haces y verás los resultados que consigues.

Daphne Rose Kingma, autora de **Aprende a quererte**, resume muy bien lo que he comentado en la cita siguiente:

"...En el hecho de amar, así como en el de ser amado, nos convertimos verdaderamente en nosotros mismos. No importa lo que hagamos, digamos, consigamos o seamos, lo que nos define completamente es nuestra capacidad de amar. Al final, nada de lo que hagamos o digamos en esta vida tendrá tanta importancia como el modo en que nos hemos querido los unos a los otros."

Precioso, ¿verdad?

Si practicas tu capacidad de amar, no habrá nada que te detenga.

¡Te lo garantizo!

10.2
Amo mi caos

Esta frase está inspirada en el libro de Albert Espinosa, *El mundo azul*, que me acompañó durante las vacaciones del verano pasado y que si no has leído te recomiendo.

Desde su primer libro, el **bestseller** *El mundo amarillo*, soy una fan incondicional de Espinosa. Me encanta todo lo que escribe. Esa mezcla de simplicidad y a la vez profundidad, ficción, realidad e imaginación sin límites creo que engancha mucho. En mi opinión, es un genio narrando historias, entre otros muchos talentos.

En este capítulo quiero compartir dos ideas que son claves para activar el poder ilimitado del amor. Fíjate que digo "activar."

La primera idea fundamental es:

Si no te amas de verdad, es imposible amar a otros.

Y eso que la palabra "imposible" casi no la utilizo y estoy convencida de que casi todo es posible en esta mágica vida. Sin embargo, no puedes dar a otro lo que tú no te das. Y paradójicamente cuando lo das, lo sientes.

Por lo tanto, enfócate primero en aprender a amarte a ti sin condiciones, con tu caos, tus contradicciones, todo lo que no te gusta, tus sombras y fantasmas.

El "yo neurótico" que aparentemente eres, es totalmente contradictorio. Un día piensa una cosa y al día siguiente todo lo contrario, ¿te suena esto? Reconoce y acepta que eres un caos. Es tu naturaleza y está bien.

Ama el caos de tu mente y lo trascenderás.

Pruébalo. Ríete de los cambios de opinión, de las incoherencias y contradicciones de tu mente. Tú eres mucho más que todo esto. Siente con el corazón la verdad y hazle caso.

En mi caso, cuando fui capaz de aceptar que era un caos y que siempre lo sería porque mi mente funciona así, me sentí liberada. Dejé de querer controlar mis pensamientos cambiantes y pasé a aceptarlos sin hacerles demasiado caso.

El caos y el orden son dos lados de la misma moneda.

La segunda idea que es primordial y quiero compartir contigo es la siguiente:

El amor no es una relación sino un estado mental.

Increíble afirmación, ¿verdad?

Esto significa que no depende del exterior ni de nadie. Tú eliges entrenar tu mente con este estado. Sentirte amado y aceptado solo depende de ti. Cuando te das cuenta de esto, se acaba la búsqueda. Te sientes en casa.

Parece una fantasía o una utopía pero te aseguro que es así.

Muchas mujeres (yo era una de ellas hace años) creen que cuando conozcan al hombre de su vida y tengan la relación de amor incondicional que siempre han soñado, entonces se sentirán verdaderamente amadas y por fin podrán ser felices. Esta fantasía del príncipe azul con la que hemos creci-do la mayoría es la mayor trampa para el amor hacia una misma. Te mantiene prisionera de la necesidad de encontrar fuera lo que está dentro. Cuando una finalmente descubre que el amor es un estado mental y no una relación, entonces se salva. Esta es la verdadera salvación.

Sálvate tú amando a tu caos.

Ha llegado el momento de ocuparte de ti, ¿no crees?

10.3

No hay relaciones erróneas

"Me equivoqué. Ojalá pudiera cambiar el pasado...." "Sufrí mucho y me traicionó."

"Me manipuló sin yo darme cuenta." "No puedo perdonarlo."

"Me arrepiento de haber vivido esa relación."

¿Te suenan estas situaciones? Seguramente tú mismo o alguien que conoces habrá vivido alguna de ellas. Es común pensar que hemos vivido relaciones equivocadas. A menudo nos cuesta perdonar, culpamos a los demás de nuestro sufrimiento, surgen los remordimientos y así quedamos atascados en el círculo vicioso de las relaciones inmaduras e insanas.

Cada persona que aparece en tu vida tiene un propósito determinado. Toda relación te sirve para evolucionar.

Si aún crees que te equivocaste en el pasado, suelta esta idea. Viviste exactamente lo que era mejor para ti en aquel momento. Tuviste las lecciones de vida que te han convertido en la persona que eres hoy en día. No te recrimines nada del pasado.

Agradece todo lo bueno que compartiste con cada persona que ha pasado por tu vida.

Está claro que en todo momento:

Atraemos a quienes somos y no quienes queremos.

Por lo tanto, todas las relaciones que has vivido han sido un espejo de ti mismo. Simplemente te han mostrado aspectos de ti que no querías ver. Cuesta de aceptar, ¿verdad?

En mi caso, esta revelación me ayudó enormemente. Dejé de juzgar, criticar, querer cambiar al otro y me enfoqué en mejorarme a mí misma. Me di cuenta de que todo lo que veía de los demás era mío. Dejé de proyectar hacia fuera y empecé a centrarme en mi interior. Aquello fue el inicio de un maravilloso viaje que me ha conducido al gran amor de mi vida: yo misma.

Si estás en un momento que te gustaría tener una relación comprometida:

La forma más simple de atraer a la persona que deseas, es convertirte en ella.

Una vez sepas qué es lo que necesitas cambiar de ti mismo y lo hagas, nada impedirá hacer realidad tu sueño. En lugar de buscar afuera, indaga en tu interior.

Recuerda que nadie puede darte lo que tú no te das. Como dice Osho:

Las personas maduras atraen a personas maduras.

Si estás frustrado y triste, vas a atraer a una persona frustrada y triste. Si eres feliz, atraerás a una feliz. Si tienes miedo al compromiso, atraerás personas que no quieren comprometerse. Es así de simple.

A continuación, te resumo 15 de mis **aprendizajes** en la aventura de construir la relación que siempre había soñado:

1. Enfócate en dar amor por el placer de darlo y no en recibirlo.

2. Responsabilízate de tu propia felicidad y no pretendas ni exijas que el otro te haga feliz.

3. Conoce y expresa tus propias necesidades y acepta las de tu pareja.

4. Respeta las diferencias sin juzgarlas ni criticarlas.

5. Confía en tu pareja. Sé sincero, honesto y leal.

6. Mantén la pasión y la intimidad siendo proactivo para salir de la rutina.

7. Escucha activamente al otro mostrando interés.

8. Comunícate con asertividad.

9. Agradece lo vivido en el pasado, suelta la culpa y no te recrimines nada.

10. No compares relaciones ni menciones a tus ex.

11. No proyectes en el otro lo que crees que te falta ni te crees una imagen ideal de él o ella.

12. Comparte tu visión, tus sueños y construye una relación con valores comunes.

13. No vayas ni por delante ni por detrás de tu compañero sino camina a su lado en la misma dirección.

14. Dedica tiempo a nutrir tu relación haciendo cosas juntos.

Acéptalo tal y como es sin querer cambiarlo.

En definitiva, nadie está en este mundo para hacerte feliz ni tú estás para hacer feliz a nadie. Cada uno es responsable de su propia felicidad. Sin embargo, la verdadera dicha se alcanza siempre compartiendo.

A una relación, solo le puede faltar lo que tú no aportas. Por lo tanto, cuando sientas que hay algo que no recibes, dáselo tú en lugar de exigirlo.

Por mi experiencia, te puedo decir que:

Una relación consciente y madura es una luna de miel eterna.

¿Te animas a vivir esta experiencia? Si ya la gozas en tu vida, te felicito.

¡Buen trabajo!

Si te interesa profundizar sobre este tema te recomiendo el libro: *El efecto luna de miel* de Bruce H. Lipton. Te encantará.

10.4
El miedo a la soledad

Hablando de relaciones conscientes, antes de poder estar en una, tienes que aprender a estar contigo mismo. Lógico, ¿no?

Hay muchas personas que no saben disfrutar de su soledad. Cuando salen de una relación rápidamente buscan otra de forma desesperada. Evitan vivir el duelo de la relación anterior y se unen con alguien tan necesitado como ellas. Este tipo de relaciones están predestinadas a fracasar.

¿Te pasa a ti lo mismo?

Las expectativas, las exigencias, el control y el enfoque condicional "yo te doy esto si tú me das aquello," crean relaciones de dolor. Son las típicas relaciones de amor-odio.

La raíz de tu infelicidad es el apego. Y el problema es que:

La dependencia emocional se crea con el apego. Todo apego es miedo a perder.

Cuando uno se aferra a alguien es porque establece la relación basada en la creencia de que el otro le puede proporcionar todo lo que necesita. Y así empieza el miedo al abandono. Date cuenta que creer que alguien te dará lo que tú necesitas es eludir tu propia responsabilidad. Es una actitud infantil.

Si te das a ti mismo lo que necesitas, es imposible tener miedo al abandono.

Nadie te puede abandonar si tú no te abandonas a ti mismo.

Abandonarse significa adaptarse tanto al otro que terminas dejando de ser tú.

Una persona madura que se ama de verdad no necesita nada de otra, está completa y feliz. Quiere compartir pero no por necesidad sino por el simple placer de hacerlo.

Como dice Paul Ferrini en su maravilloso libro *Amor sin condiciones*:

"Únicamente cuando dejas entrar a los demás en tu corazón eres capaz de dejarlos ir."

Paradójico, ¿verdad? Y sin embargo, muy cierto.

En cuanto al miedo a la soledad, en mi opinión depende mucho de cómo la definas. Para mí:

La soledad es la presencia con uno mismo.

Estar solo no significa no tener a nadie con quien compartir, sino dedicarte momentos, saber disfrutar de tu compañía. De hecho, hay personas que siempre están rodeadas de otras y son las que más solas se sienten.

Soledad es paz, serenidad, amor, conexión.

¿Qué es para ti la soledad? ¿Cómo la defines?

En mi caso, la soledad es una necesidad básica y muy buscada. Sin ella, me pierdo. Es lo mismo que el silencio. Soledad y silencio van de la mano. Si quieres profundizar en ti y conocerte de verdad, elige la soledad y el silencio como compañeros.

Y lo más curioso de todo es que cuando una se hace amante de la soledad, aprende a disfrutarla, se siente libre de no necesitar a otro, entonces es cuando aparece aquél compañero tan esperado.

Así de extraordinaria es la vida.

10.5
Las 5 heridas que te impiden ser tú

Hace poco leí un libro titulado *Las 5 heridas que impiden ser uno mismo* de Lise Bourbeau que me ha inspirado a escribir este capítulo.

Por mi experiencia en mi consulta de *coaching & mentoring*, puedo decir que:

Todos, sin excepción, llevamos alguna herida emocional que necesitamos aceptar y aprender a amarnos a través de ella.

Bourbeau afirma que existen cinco heridas esenciales, originarias en la infancia que hacen que creemos una máscara para protegernos y son un gran obstáculo para sacar nuestra autenticidad. Según la autora, las heridas y correspondientes máscaras son las siguientes:

1. Rechazo >> Huidizo.

2. Abandono >> Dependiente.

3. Humillación >> Masoquista.

4. Traición >> Controlador.

5. Injusticia >> Rígido.

En su libro comenta que la intensidad de la herida determina la profundidad de la máscara y que solo se sana con un perdón verdadero hacia nosotros mismos y hacia nuestros padres.

La autora también menciona que el origen de cualquier herida es nuestra incapacidad de perdonar lo que nos hacemos o lo que creemos que los demás nos han hecho. Si continuamos creyendo que todo lo que nos sucede es culpa de los demás, nunca podremos sanarnos.

Otra de sus ideas es que:

Reprochamos a los demás lo que nos hacemos a nosotros mismos y no queremos ver.

El huidizo, por ejemplo, vive el rechazo desde el nacimiento ya sea porque es un bebé no deseado o porque nace con el sexo contrario al que querían los padres. La primera reacción de la personas que se sienten rechazadas es huir. La persona huidiza se anula, se infravalora ya que no siente el derecho a existir. Otra característica del huidizo es buscar la perfección en todo. El rechazo, dice Bourbeau, procede del progenitor del mismo sexo.

El dependiente, que sufre la herida del abandono, experimenta una profunda falta de comunicación con el progenitor del sexo opuesto. Considera que no es querido, cree que nunca recibe suficiente atención y es el más propenso a convertirse en víctima. Crean todo tipo de problemas en su vida, especialmente de salud, para llamar la atención. Las personas que sufren la herida del abandono también tienen la del rechazo, según ha comprobado la autora.

Según Bourbeau, es importante tener en cuenta que:

Nuestros progenitores sufrieron las mismas heridas con los suyos.

Mientras sigamos teniendo resentimiento hacia un progenitor (aun cuando sea inconscientemente), nuestras relaciones con todas las demás personas del mismo sexo que ese progenitor serán difíciles.

El masoquista vive la herida de la humillación cuando siente que uno de sus padres se avergüenza de él. El masoquismo es el comportamiento de una persona que encuentra satisfacción, e incluso placer, sufriendo. Se las ingenia para hacerse daño o castigarse antes de que alguien más lo haga.

El controlador, que ha sido objeto de traición, lo es porque no resolvió su complejo de Edipo cuando era pequeño. Esto significa que su apego al progenitor del sexo opuesto es demasiado grande, lo cuál afectará a sus relaciones sexuales y afectivas. La mirada del controlador es intensa y seductora. Son personas responsables, fuertes, especiales y sensibles. Son también muy exigentes consigo mismos porque necesitan demostrar a los demás de lo que son capaces.

El rígido sufre de injusticia y por consiguiente, no se siente apreciado ni respetado en su justo valor o cree no recibir lo que se merece.

Por último, como resumen, la autora nos dice que:

"Cada una de nuestras heridas está presente para recordarnosquesilosotrosnoshanhechosufrires porque nosotros les hemos hecho a ellos lo mismo o nos lo hemos hecho a nosotros mismos."

Esto es algo que el ego no puede comprender ni aceptar. Así que sé consciente de tus heridas, acéptalas y podrás liberarte de las máscaras y por fin ser tú mismo.

En definitiva:

El amor verdadero es la experiencia de ser tú mismo.

10.6
Love is a flower of freedom

El año pasado, mi compañero y yo viajamos a Bali y en una de las visitas a uno de los templos más conocidos nos encontramos con un simpático y amable balinés que quiso acompañarnos. La cuestión es que ese encuentro resultó muy interesante. Como siempre, nada sucede por casualidad.

Kadek nos contó cómo viven la espiritualidad en Bali. Compartió sus profundas creencias en los espíritus y el complejo calendario de todas las ofrendas que realizan durante el año. Nos habló de los árboles sagrados que los diferencian del resto poniéndoles una cinta de color, de los santuarios que tienen en cada casa y de los miles de templos que tienen en la isla denominada de los Mil Dioses, etc. Hicimos un ritual de purificación y entonces nos habló del amor. Lo primero que dijo fue:

"Love is deep respect."

No es que esto fuera algo nuevo. Todos sabemos que el amor es respeto. Sin embargo, por la forma como lo dijo y todo lo que nos contó después, a mí se me quedó grabada esta frase.

Él nos habló del Respeto (en mayúsculas). Dijo que el respeto es aceptación: dejar ser al otro. El amor verdadero es incapaz de exigir nada, sino que da más libertad. Respetar significa permitir al otro ser el misterio que es. Kadek comentó que amar es ayudar a tu compañero a que sea más auténtico, darle la confianza que necesita para mostrarse y florecer.

Otra frase de él que me cautivó: *"Love is a flower of freedom."*

Qué bella descripción, ¿verdad? Ver el amor como una flor de libertad.

Amor y libertad van de la mano. Si quieres ser libre, ama de verdad.

Hay personas que piensan que ser libres significa no comprometerse con nadie, hacer lo que uno desea a cada momento, cambiar de pareja a menudo, etc. De hecho, hace años yo pensaba así. Pero ¡qué equivocada estaba!

Ahora que estoy entregada al amor, me doy cuenta de que aquella aparente libertad era una ilusión. Las palabras se quedan pequeñas para describir la libertad que siento ahora.

Libertad (en mayúsculas) es sentirte en casa en todo momento.

Cuando amas, descubres quien eres.

El simpático balinés también nos dijo que uno sabe que está realmente enamorado cuando se siente feliz de estar en la presencia del otro. Simplemente estando con el otro, sin hacer nada, siente que lo tiene todo.

Los enamorados son personas conscientes que buscan compartir en vez de obtener, no tienen necesidad de ninguna clase, solo quieren unirse para disfrutar de su propia abundancia.

Solo te puedes enamorar de verdad cuando dejas de creer que te falta algo.

Estar con otra persona con el objeto de ver qué puedes sacar de ella, no es amor. Si sigues sintiéndote inadecuado e incompleto, seguirás buscando en el otro lo que crees que tú no tienes.

Querido lector: recuerda que tú ya eres completo. Y si deseas ser libre, ama.

El amor es Libertad (en mayúsculas).

10.7

Second chance

Hay una canción preciosa de Miten y Deva Premal que habla de disponer de una *"second chance"* para rectificar lo que se hizo mal la primera vez.

Creo que a todos nos llega un momento en que la vida nos da una segunda oportunidad para vivir desde otro lugar. A algunos les llega a los 40, a otros a los 50 o incluso más tarde. Todos cometemos errores por mirarnos demasiado el ombligo y hacer de nuestro "yo" el centro de todo; hasta que, de repente, uno se da cuenta de que lo importante son los demás.

Seguramente estás leyendo estas páginas porque la vida te está dando esta segunda oportunidad como me ha pasado a mí. ¡Enhorabuena!

Estás a punto de acabar este libro y empezar un nuevo inicio con más sentido. Todo fin abre la puerta a un nuevo comienzo, ¿no crees?

En este último capítulo, quiero compartir contigo una idea que para mí es sagrada y me ayuda a conectarme con mi brújula interior y seguir mi rumbo con determinación. Y es la siguiente:

Si no amas, no vives. Solo sobrevives.

Si no has amado, no has vivido.

Dicho de otra forma: Todos morimos pero solo unos pocos vivimos de verdad.

Grábala en tu corazón. Es más importante de lo que parece. Y ¡cuidado! No estoy hablando del amor romántico, de pareja o del amor a los hijos/padres. Hasta ahora me he enfocado mucho en ti mismo y en las relaciones, pero hay otro tipo de amor que es la base de todo: el amor divino.

El amor divino incluye todo lo demás. Es todo.

El amor divino es la entrega total a la vida, a Dios, al universo, a la inteligencia universal (ponle el nombre que quieras). Amar así es dejarte vivir de una forma incondicional.

Recuerda que solo hay dos formas de vivir: con resistencia (sufrimiento) o con rendición (gozo).

¡¡¡Ríndete!!!

Hemos venido aquí a aprender a amar. No obstante, tenemos miedo a lo que más deseamos: una rendición total al amor.

Cuando uno se entrega (no a una persona sino a Dios), le envuelve el poder ilimitado del amor y pasa a dedicar su vida a los demás. El "yo" deja de tener importancia y se acaban todas las luchas y sacrificios. Es la mayor experiencia que uno puede vivir: sentirse utilizado por la vida para crear un impacto positivo en los demás.

Ese amor divino, que es algo más grande que tú mismo, te trasciende y te hace eterno. Perdura para siempre.

Todo lo demás es como un teatro, un juego, una película del personaje que cree ser real. Es banal, superficial. No tiene ninguna importancia.

En mi caso, cuando renuncié a mi posición privilegiada en Luxemburgo movida por la inquietud de aportar mi granito de arena en el mundo, empecé a vivir de verdad. Todo lo anterior había sido como un *training* necesario para prepararme para dar el gran salto que me llevaría a encontrar el sentido de mi vida.

Una de las frases que más me ayudó en ese proceso y que continuamente repetía era: "Por favor, ayúdame a servir." Y la sigo utilizando desde entonces.

Servir a los demás es el camino a la felicidad.

Cuando eliges el amor divino (amor incondicional) como máxima prioridad en tu vida, has llegado a tu verdadero hogar. Ya no hay vuelta atrás. De repente, todo fluye con facilidad, sientes que estás en el lugar que se supone que tienes que estar y te llenas de plenitud.

Ahora tienes una "second chance": convertirte en tu mejor aliado.

¡Aprovecha esta segunda oportunidad!

Conclusiones

Querido lector inconformista:

Hemos llegado al final de nuestro viaje juntos. Espero que lo hayas disfrutado tanto como yo. Convertirte en tu mejor aliado es lo más grande que puedes hacer en tu vida para ti y para los demás. Deseo de corazón que lo hayas conseguido. Y si no, al menos que hayas sembrado una pequeña semilla en tu interior para que vaya creciendo a su ritmo. Todo llega en el momento oportuno y es perfecto.

Simplemente por tener la voluntad de querer entrenar tu mente con otra forma de pensar para alcanzar la paz y la abundancia ilimitada ya es un gran éxito.

Así, que ¡Enhorabuena! Te felicito por poner prioridad en esto.

Es posible que en algunas ocasiones consigas ser tu mejor aliado y, sin embargo, en otras seas el peor. Paciencia y compasión. Somos humanos y contradictorios.

Si te pasa como a mí, cuanto más capaz seas de mantener este estado elevado de aceptación y alianza contigo, la vida más te traerá nuevos retos a afrontar. Hasta que no consigas mantenerte sereno, independiente, equilibrado y desapegado a través de todos los acontecimientos cambiantes, tu realidad exterior te seguirá desafiando.

Lo que está claro es que nadie puede ser mejor aliado para ti que tú mismo.

Todo depende de cómo utilices tu mente. El sufrimiento o lucha ya no es una opción para ti.

¡Ríndete a la vida!

En el fondo, si lo piensas bien te darás cuenta de que la vida es como un juego que hay que tomarse con sentido del humor. Nada de dramas, culpas ni victimismos.

Perdónalo todo. Déjalo ir. ¿Qué otra cosa puedes hacer sino esto?

Recuerda siempre que ser tu mejor aliado es vivir eligiendo el amor. Amarte a ti sin condiciones, a los demás y a todo lo que es en cada segundo es la clave de tu verdadera felicidad.

El amor destruye al miedo.

No luches contra lo que es porque siempre vas a perder.

Ahora dispones de una guía de 10 pasos prácticos para mantenerte en tu centro. Cada vez que vuelvas a dudar de ti, que estés confundido, que el miedo te atrape o que las falsas creencias te encadenen, vuelve a repasar estas ideas para reconectarte con tu Ser auténtico.

Solo tú puedes hacerlo, nadie puede hacerlo por ti.

Sabes que se trata simplemente de una elección consciente. Tú eliges en cada momento sentirte seguro o inseguro, confiar o desconfiar, rendirte o luchar, culparte o perdonarte, ser el héroe de tu vida o una víctima. En definitiva, eliges vivir desde tu Ser o tu falso personaje (ego).

Sé paz en todo momento. Pon todo tu foco en ello.

Date cuenta de que todo lo que ves fuera es tuyo. Proyectas en los demás aquello que no quieres aceptar de ti, ves lo que quieres ver, inventas tu mundo sin darte cuenta, tu percepción es totalmente falsa y te sientes separado cuando en realidad somos una Unidad.

Mira más allá de los sentidos, abre el corazón y regresa a casa para que se abran sin esfuerzo las puertas de la paz y la abundancia ilimitada que son tu destino.

Te mereces lo mejor solo por existir.

Dispones ahora de una nueva oportunidad para Ser. ¡Aprovéchala!

Y, por último, haz de tu vida un ejemplo a seguir. Siendo tu mejor aliado y enfocándote en propagar paz y ayudar a los demás, estás aportando tu granito de arena a este mundo.

¿Qué hay más importante que ocupar el lugar que te corresponde?

Muchas gracias por unirte a esta increíble comunidad de personas valientes e inconformistas que creemos en nuestros sueños más ambiciosos y vamos hacia a ellos.

Te abrazo con todo mi amor y gratitud, Mònica

Siguientes pasos:

¡GRACIAS DE NUEVO POR HABER LLEGADO HASTA AQUÍ!

Aquí no se acaba nuestra aventura juntos. Esto solo ha sido un comienzo. Espero que lo hayas disfrutado y sobretodo que te haya ayudado a nivel práctico.

Repasa los 10 pasos siempre que lo necesites y no te des nunca por vencido. Cuanto más los practiques en tu día a día, más fácil te resultarán. Recuerda que ser tu mejor aliado es lo más grande que puedes hacer para ti mismo, los demás y el mundo.

Será un verdadero placer para mí seguir acompañándote en este camino de vivir con abundancia y paz mental creando la vida de tus sueños. Así que podemos seguir en contacto de la siguiente forma:

1. Empieza por descargarte los **Recursos Gratuitos** de mi web: http://www.monicafuste.com/recursos-gratuitos/

2. **Deja tu opinión** de este libro en Amazon o envíame un e-mail con tu opinión a info@monicafuste.com

   Me gustaría pedirte un pequeño favor para poder crear un mayor impacto y seguir creciendo en la Tribu de la SuperAcción.

   Solo se trata de hacerte una foto con el libro y ponerla en la página de Facebook con algún comentario. Son solo 2 minutos y me ayudarás más de lo que te imaginas. Recibimos lo que damos. ¡Gracias de antemano! https://www.facebook.com/monicafuste.coach/

3. Conecta conmigo en las **redes sociales**: https://www.facebook.com/monicafuste.coach/ https://twitter.com/MonicaFuste

4. Únete a mi canal de **Youtube** donde cada semana cuelgo vídeos de valor que no aparecen en el blog. https://www.youtube.com/user/monicafuste

5. **Recomienda este libro** a todas las personas que les pueda ayudar y si quieres aportar un granito de arena, regala 5 ejemplares a tus seres queridos.

6. Consulta los programas online del Instituto de SuperAcción en: http://www.institutodesuperaccion.com/

7. Vive en paz, con abundancia y sé feliz. ¡Te mereces lo mejor!

GRACIAS DE CORAZÓN por formar parte de la Tribu de la SuperAcción: la Comunidad de personas libres, realizadas y felices.

Es un honor ser tu acompañante y mentor para guiarte hacia tu verdadero destino!!

Si lo deseas, puedes enviarme tus comentarios sobre el libro o cualquier otra consulta a info@monicafuste.com y te contestaré personalmente.

¡Disfruta de cada segundo!

Bibliografía

Adyashanti: *La danza del vacío*.

Gregg Branden: *La matriz divina*.

Enric Corbera: *Curación a través de un curso de milagros*.

Enric Corbera: *El observador en bioneuroemoción*.

Paul Ferrini: *Amor sin condiciones*.

Paul Ferrini: *Los 12 pasos del perdón*.

Fundación para la Paz Interior: *Un Curso de Milagros*.

Gangaji: *El tesoro escondido*.

Gerard G. Jampolsky: *Amar es liberarse del miedo*.

Dadi Janki: *Las alas del espíritu*.

Carol K. Anthony: *El I'Ching*.

Byron Katie: *Amar lo que es*.

Byron Katie: *Mil nombres para el gozo*.

Jorge Lomar. *Ecología mental*.

Consuelo Martín: *El arte de la contemplación*.

Jon Mundy: *Vivir un curso de milagros*.

Thich Nhat Hanh: *Miedo*.

Thich Nhat Hanh: *Estás aquí*.

Tony Parsons: *Lo que es*.

David R. Hawkins: *Dejar ir.*

Sanaya Roman: *La alegría de vivir.*

Sergi Torres: *Puente a la realidad.*

Sergi Torres: *Salto al vacío.*

Marianne Williamson: *Volver al amor.*

Marianne Williamson: *La ley de la compensación divina.*

¿Qué puedes hacer a partir de ahora?

Querido lector, querida lectora:

- ¿Te gustaría propagar el amor en el mundo?
- ¿Quieres contribuir a que haya más personas que vivan desde el ser esencial y amoroso que somos?
- ¿Te imaginas cómo cambiaría el mundo si todos eleváramos la conciencia a la Unidad que somos?

Mi misión en esta vida es ayudar a las personas a ser libres, a "despertar" del sueño de la personalidad o ego, para liberar el ser esencial y descubrir el infinito potencial que tenemos.

Todos, sin excepción podemos manifestar la vida de nuestros mayores sueños, con facilidad y sin esfuerzo. Deseo de corazón que mi propio testimonio te haya inspirado y servido como guía para tu propio proceso de liberación.

¡¡No te conformes! Te mereces lo mejor. Ábrete al amor de tu ser. Ha llegado el momento de empezar a vivir con otro paradigma mental para descubrir la vida "real", que nos hemos estado perdiendo. Estás aquí para ser feliz y gozar del vivir. No hay tiempo que perder.

TE PIDO UN PEQUEÑO FAVOR:

Si quieres contribuir a difundir el poder del amor incondicional en el mundo y crees que es importante que otras personas descubran cómo liberarse de la "matrix mental" o sueño del abuso, para volver al paraíso en la tierra, te pido por favor que hagas lo siguiente:

1. Regala este libro a todas las personas que quieres, como muestra de tu amor.

2. Hazte una foto con el libro, súbela a las redes sociales y etiquétame. Mi Instagram es @monicafuste y será un regalo para mí recibir tu foto.

3. Envíame un correo a contacto@monicafuste.com con tu opinión sobre el libro o una foto para que pueda compartirla.

4. Si lo prefieres, puedes grabar un corto vídeo con tu móvil, explicando cómo te ha ayudado este libro y recomendándolo para que otras personas aprendan a usar la rendición.

GRACIAS, GRACIAS y mil GRACIAS por leerme, recomendarme y sobre todo, por querer aprender a manifestar la vida de tus mayores sueños, con facilidad y sin esfuerzo.

Regalo para ti

¡Tengo un REGALO para ti! Empieza descargándote mis **RE-CURSOS GRATUITOS** aquí:

https://www.monicafuste.com/recursos-gratuitos/

Si te ha gustado este libro, te encantarán mis libros anteriores, donde comparto todo lo que he aprendido, a lo largo de más de diez años de continua superación y búsqueda espiritual. Son libros inspiradores, impactantes y transformadores porque sur-gen de la propia experiencia personal. Te animo a seguir invir-tiendo en ti con lecturas como estas para vivir plenamente con el corazón abierto.

Mis otros libros publicados son:

- *"Despierta ¿vives o sobrevives?",* autoeditado en Febrero, 2009.

- *"El mejor año de tu vida. Deja que suceda lo que tenga que suceder".* Editorial Mònica Fusté en Mayo, 2011 y editado por Editorial Planeta Mexicana, bajo el sello DIANA en Junio, 2012.

- *"SuperAcción. Acelera tu ruta al éxito con un innovador método de coaching de alto impacto".* Ediciones Obelisco, Junio, 2013.

- *"Sé Tu Mejor Aliado. 10 pasos para vivir con abundancia y alcanzar la paz mental",* autoeditado en Abril, 2016.

- *"El Poder de la Rendición. Renuncia al ego, libérate de tus miedos y sintoniza con tu ser esencial"*. Alienta editorial-Grupo Planeta en Octubre 2019.

Encontrarás más información sobre los libros en mi web. Y si lo que necesitas es un acompañamiento más personalizado para descubrir quién eres realmente, poder vivir de tu talento, creando un negocio rentable y escalable, te recomiendo que consultes mis programas de mentoring de alto impacto y mis cursos online del Instituto de SuperAcción y de Coach Pre-mium. Será un placer trabajar contigo de forma personalizada y acompañarte en tu camino de crear la vida que deseas. Pue-des encontrar más información de mis programas de mento-ring y cursos online en mis webs:

www.monicafuste.com

www.institutodesuperaccion.com

www.coachpremium.com

Estoy 100% comprometida con mi propósito divino de com-partir todo lo que a mí me ha ayudado a manifestar la vida de mis mayores sueños, con facilidad y sin esfuerzo. Deseo con todo mi corazón que tú también reconozcas por fin quién eres realmente para vivir la vida extraordinaria que mereces. Por esto te invito a seguirme en las redes sociales donde cada día com-parto contenido de valor para seguir ayudándote a "despertar" y ser libre en todas las áreas de tu vida.

SÍGUEME EN LAS REDES SOCIALES:

@monicafuste

Mònica Fusté

@monicafuste.coach

@MonicaFuste

Mònica Fusté

Gracias por estar aquí y por haber elegido este libro para ex-perimentar el amor que eres. Al rendir tu mente al servicio del corazón, estás ayudando al mundo a "despertar" del sueño del miedo.

Gracias de corazón.

Con todo mi amor incondicional,

Mònica

CONOCE A LA AUTORA

Mònica Fusté es emprendedora, autora de desarrollo personal, conferenciante, economista y mentora de alto impacto formada en Estados Unidos. Su trabajo la ha convertido en una referente en el sector de coaching en España.

Habla cuatro idiomas, ha trabajado en la City de Londres y en el Banco Europeo de Inversiones (BEI) de Luxemburgo. Tras darse cuenta de que ese no era su camino, se formó como co-active coach en California y Chicago con la prestigiosa escuela The Coaches Training Institute (CTI) y está certificada por la ICC (International Coaches Community). Graduada en el International Leadership

Program de CTI, es también coach de sistemas organizacionales y relacionales formada en el Center for Right Relationship (CRR), certificada como coach con PNL y coaching por Valores.

Fundadora del Instituto de SuperAcción y de Coach Premium. Es experta en consciencia y creadora de programas de acelera-ción empresarial para profesionales independientes. Autora de "Despierta, ¿vives o sobrevives?" (2009), "El mejor año de tu vida" (2011), "SuperAcción" (2013), "Sé Tu Mejor Aliado" (2016) y "El Poder de la Rendición" (2019).

Dicen de ella que activa a las personas, les contagia la actitud de "todo es posible", que va directa al grano y transmite mucha fuerza, foco y confianza. La vida le ha regalado el don de la au-toindagación desde muy temprana edad, hecho que le ha permi-tido expandir su conciencia para ayudar a los demás a crear una vida libre y realizada.

Ha colaborado en varios medios de comunicación e impartido conferencias en distintas ciudades de España y también en el ex-tranjero, como en Emiratos Árabes, Luxemburgo o Latinoamérica.

Webs de la autora:

www.monicafuste.com

www.coachpremium.com

www.institutodesuperaccion.com

Síguela en las redes sociales:

Instagram: @monicafuste

Youtube: **https://www.youtube.com/monicafuste**

Facebook: monicafuste.coach

Twitter: @monicafuste

www.ingramcontent.com/pod-product-compliance
Lightning Source LLC
La Vergne TN
LVHW051225080426
835513LV00016B/1412